林巧稚 传

张清平 ⊙ 著

團结出版社

图书在版编目（CIP）数据

林巧稚传 / 张清平著 . -- 北京：团结出版社，
2017.4（2022.7 重印）

ISBN 978-7-5126-4912-5

Ⅰ . ①林… Ⅱ . ①张… Ⅲ . ①林巧稚（1901-1983）
-传记 Ⅳ . ① K826.2

中国版本图书馆 CIP 数据核字 (2017) 第 015412 号

出　版：团结出版社
　　　　（北京市东城区东皇城根南街 84 号　邮编：100006）
电　话：（010）65228880　65244790（出版社）
　　　　（010）65238766　85113874　65133603（发行部）
　　　　（010）65133603（邮购）
网　址：http://www.tjpress.com
E-mail：zb65244790@vip.163.com
　　　　tjcbsfxb@163.com（发行部邮购）
经　销：全国新华书店
印　装：三河市东方印刷有限公司

开　本：170mm×240mm　16 开
印　张：13
字　数：203 千字
版　次：2017 年 4 月　第 1 版
印　次：2022 年 7 月　第 9 次印刷

书　号：978-7-5126-4912-5
定　价：39.80 元

第一章
鼓浪屿的女儿

第一章　鼓浪屿的女儿

一、女婴出生在圣诞前夜

那是一个淡灰色的下午。

当一个婴儿啼哭着来到世间，晚风送来晚祷的钟声。钟声回荡在浩浩海天，像祈祷，又像呼唤，悠远又切近。

——这个瘦小的女婴出世时，母亲的身边没有一个人。

母亲强撑起身子剪断了脐带，草草擦拭去婴孩身上的血污，连包裹一下孩子的力气都没有，就在汹涌而出的鲜血中昏了过去。

好像飘浮在云端，她听见了婴儿越来越微弱的啼哭。努力睁眼想看一看，模模糊糊地又想到，一个女孩，就随她去吧……

天近黄昏。父亲回到家中，浑身赤裸的新生儿已哭不出声了。

羸弱的母亲为生了女儿而自责，父亲却把冻得发紫的小小身体暖在怀里。

信奉基督教的父亲安慰着妻子："明晚是圣诞夜，这孩子是父神送给我们的礼物。"

女婴在父亲怀中渐渐苏醒，她啼哭着，闭着眼睛，小拳头蜷在胸口。

父亲抚摸着婴儿的小手和小脚，给女儿取名为"巧稚"。

这是厦门鼓浪屿。1901 年 12 月 23 日，旧历光绪二十七年的一个黄昏。

林巧稚的出生地，即林巧稚在鼓浪屿的老家

　　相传在遥远的过去，厦门地区常年生活着无数只白鹭。这些美丽的大鸟体形纤长，姿态轻盈。它们沿着蜿蜒的海岸线飞翔，在温暖肥沃的水域滩涂觅食，在茂盛的红树林、相思柳上栖息。

　　那时候，这里称为鹭岛、鹭洲。明初定名为"厦门"。

　　从地理位置看，这里真正是东南沿海的"大厦之门"。

　　厦门的地形由西北向东南倾斜。万石岩、云顶岩横跨南部，一路逶迤入海，最后在西南露出头来，形成了一个面积为 1.78 平方公里的岛屿——鼓浪屿。

　　林巧稚就出生在这里。

　　这里四季如春，温暖多雨。谷物一年三熟，林木终年常青。

　　这里背靠闽南大陆，面临东南海峡，是海上交通要道和进行国际贸易的重要港口。

在林巧稚出生前的半个多世纪，清政府与英国签订了《南京条约》，与美国签订了《望厦条约》，与法国签订了《黄埔条约》，与日本签订了《马关条约》。随着列强的进入，"大厦之门"门户洞开，成为西方各国的通商口岸。美丽的小岛鼓浪屿在《南京条约》时期，被迫"仍由英国暂居"；到了1899年，已成了"万国公地"。

最早来到岛上的是英国人。继英国人之后，许多国家都在岛上建了公馆和领事馆。

洋人在这里开洋行、建工厂、修教堂，办了学校和医院，甚至还有了运动场。

厦门、泉州、漳州一带通称闽南。这里的土著原本是"断发文身"的闽越人的后代，他们身材矮小，面短鼻阔，眼睛圆而大，善驾舟行筏，惯傍水而居。在人多地少、山地贫瘠的自然环境中，他们祖祖辈辈以海为田，在风浪中耕耘。由于远离皇权和政治中心，沿海地区的人们形成了边缘的文化心态，他们更具冒险、拼搏的意识，更崇尚自强、务实的精神。

清朝末年，危机四伏。政府接连割地赔款，赋税成倍增加，沿海经济凋敝，人们生计艰难。一时间，漂洋过海到异域求生成为普遍现象。有史料记载，仅鸦片战争后的一百年间，东南沿海一带"出洋"的人已近一千万。多年后，他们中有人从海外回到故国，在鼓浪屿建房筑屋，"落叶归根"。

林巧稚的祖辈是厦门郊外的农民，父亲林良英尚未成年便跟着祖父远走南洋。在新加坡，祖父外出做苦工，林良英进了英国人开办的教会学堂。

后来，祖父病死异乡，林良英回到了厦门。

回到故乡的林良英与当地姑娘何晋成了亲。

鼓浪屿这片"万国公地"需要懂外语的当地人，林良英和妻子在鼓浪屿定居下来后，靠翻译和教书维持生计。

林巧稚是父母最小的女儿。

大姐款稚比她大17岁，巧稚还在幼年时，她就已经出嫁。

大哥振明比她大13岁，在厦门的学校上学。

父母还收养了亲戚家一个孤女，比巧稚大9岁，父亲给她取名预稚，巧稚叫她二姐。

母亲生巧稚的时候，已患病在身。许是先天不足，巧稚比哥哥姐姐显得矮小瘦弱，母亲唤她作"丽咪"。

巧稚不到5岁那年，母亲因宫颈癌去世。

林巧稚父母像

那一天，台风袭击了鼓浪屿。天色晦暗，风雨大作。海浪发出了令人肝胆俱裂的嘶吼，暴雨砸向地面，树木连根拔起，浑浊的泥水顺势而下，岛上分不清哪里是岩石，哪里是路。

全家人围在母亲的床前。母亲艰难地喘息着，嘴唇翕动着说不出话来，却久久咽不下最后一口气。

风雨声湮没了亲人的悲啼，父亲把懵懂的巧稚拉到床前。他提高嗓音一字一顿地对妻子说："你放心，我一定会让丽咪好好长大成人……"

母亲在台风中溘然长逝。她是个普通的、不识字的女人，她死于女人的疾病。她年幼的女儿在风雨中哀伤地哭泣。没有人会想到，日后，这个女儿会成为专门为女人解除痛苦的医生。

母亲去世后，家里曾有过一段十分艰难的日子。父亲林良英的身体和精力在迅速衰退，家里的境况也不如从前。

正在厦门上学的长子振明不声不响地退了学，回到了鼓浪屿。他是父亲唯一的儿子，和父亲一道支撑这个家是他的责任，他没有别的选择。

振明学的是工科，在学校以成绩优异著称。他的聪敏曾是父亲的骄傲和希望。

振明退学回家后，与人合资在龙头山开了一家汽水厂。后来，他又到一家外国机械制造公司做事，他很快成了公司的技术骨干。

年幼的巧稚很崇拜大哥。大哥的勤奋努力，大哥对家庭责任的承担，对她有很大的影响。在人们对大哥的称赞中，她很小就懂得，一个有真本事的人，才会得到别人的尊重。她小时的作文，留下了这样的心迹："我长大要做一个高级技术家！"

有了大哥的支撑，家里的生活也明显有了起色。父亲减轻了压力，身体状况也日益好转。两年后，大哥振明结婚了，嫂子贤惠能干。父亲又娶了继母，继母带来了她的一儿一女——二哥振炎和妹妹勤稚。

有女人的家到底是不一样。家里的餐桌上有了可口的饭菜，全家人的衣服重新变得整洁熨帖，院子和窗台上种植着花草，屋里屋外一扫曾经的冷寂凄清，满是生机。

上街的时候，父亲的脸上又有了笑容。傍晚，他常常带着巧稚到港仔后的沙滩上散步。早年英国教会学校的教育，在他的生活中留下了深深的印迹。他思想开通，待人宽厚。见识过外面世界的他，盼望自己的孩子能够接受良好的教育。在他的孩子里，只有小女儿巧稚和长孙嘉通可以用英语和他交谈。对这个从小失去母亲的女儿，父亲有一份格外的疼爱。他把巧稚当男孩子一样养育，希望她有教养、有出息。

潮水退去的海滩，轻风拂面，波平浪静。海蛙摇摆着身子在沙滩上爬过，海蟹飞快地划动脚爪，在泥沙上留下细细的纹痕。

父女俩站在海边，看夕阳一点一点没下水面。海天相接，紫霭茫茫，落日和地平线相交处橙红荡漾，静美而开阔。

漫步在海边，父亲有时会给巧稚讲《圣经》故事和圣徒的传说，也讲过去他在异国他乡求学的事情。那是一个孩子最初的启蒙。

巧稚的父亲林良英早年在国外念书时，皈依了基督教。在他的影响下，全家人先后受洗，加入了基督教公理会。

当年的鼓浪屿，有不少像林良英这样的教徒。

散步后回家，巧稚总是在窄窄的台阶上蹦跳着跑在前面。她喜欢在小路拐弯处等着父亲，前面有点黑，她习惯拉着父亲温暖的大手往家走。一过去坡路，就能看见她家的小楼。

当地人叫这座有着八角形楼顶的三层楼房为小八卦楼。

巧稚很小就听父亲讲过，那一年，美孚石油公司要在鼓浪屿建一座油库，巧稚的父亲林良英承包了这项工程。他用赚得的钱盖了这座小楼，这是很让父亲骄傲的一件事情。

5岁那年，巧稚进了英国传教士韦艾利夫人开办的幼稚园。韦艾利夫人高高胖胖，人很和善，岛上的大人孩子都叫她"韦师母"。

韦师母教孩子背诵《基督教三字经》，厦门的传教士用拉丁文拼写出了闽南方言："自太初，有上帝。造人类，创天地……"

星期天，父亲领着巧稚去教堂。大人们做礼拜，孩子们在外面的空地上玩儿，看牧师给他们的绘有《圣经》故事的画片。

14岁，巧稚在岛上的教堂受洗。

纯净柔和的唱诗声像是来自天外，烛光中，圣坛上的杯盘显得格外温润。在牧师的引领下，巧稚垂首接受祝福、洗礼。

一缕阳光穿越教堂高高的花窗照射进来，她觉得阳光照进了自己的心里。

晨曦透过百叶窗射进房间，巧稚睁开了眼睛。

她醒了，蹬开搭在身上的被单，舒服地伸着懒腰。

院子里传来水桶磕碰井沿的声响，她知道，那是大嫂开始了清晨的忙碌。很快，家里的小孩子都会陆续起床，小院会忙乱而拥挤。

巧稚翻身起床，趴在窗台上打开了乳白色的百叶窗。窗外的藤萝散发出青草的气息，院子里的花草树木上，有晶莹的露珠在闪动。

她麻利地梳洗完，和大嫂打了个招呼，拿起书包朝学校跑去。

早晨，窄窄的街巷还没有完全从睡梦中醒来，海边的空气湿润而清新。海浪温柔地涌动，海上的雾气一点点变得稀薄。海鸟掠过，宁静的海滩像天国的早晨一样洁净。

鼓浪屿的东边是升旗山。升旗山上，高高地矗立着旗杆，三角形的旗帜悬挂在旗杆上，为海上往来的船只指示风向。

升旗山下，坐落着厦门女子师范学校。

厦门女子师范学校建于1900年，由周寿卿牧师向海外的福建籍商人募捐建成。

过去岛上没有学校，男孩子上学要到厦门，女孩子则大多不读书。说是师范学校，实际却包括了从小学到高中三个学段。不仅岛上的居民，远至漳州、泉州的许多人家，都把女儿送到这里来读书。

　　巧稚在这所学校从小学读到高中。父亲再婚后，继母接连生了几个孩子。大姐、二姐都已出嫁，巧稚成了家里的长女。她放学回来要做家务，还要帮继母照顾弟弟妹妹。

　　过早的承担，使她比别的孩子懂事，也比别的孩子早熟。

　　她喜欢学校，喜欢上学、读书。她的功课超过其他同学。

　　太阳升起来了，海面上波光粼粼。天边的白云变幻着形状，远处一排黑色的渔船剪影般一动不动。

　　女子师范学校校园不大，两幢小楼，几间平房。楼房是米黄色的，有着维多利亚风格的雕花檐廊，透过狭长的窗户，阳光是一格一格的。

　　校园外的石壁上爬满了青藤，层层叠叠不留一丝空隙。相思柳的花儿在一片深绿浅绿中黄得娇艳欲滴。木棉开花时，树叶全部脱尽，高大的枝干擎

林巧稚幼年时就读过的蒙学堂（今鼓浪屿安海路4号）

厦门女子师范学校旧址，林巧稚在这里度过了从小学到高中的10年时光

着殷红的花朵。那花朵碗口大，凋零时，沉甸甸地从空中落下，仿佛会溅起若有若无的声响。

女子师范学校良好的校风为岛上人称道。主管学校教务的玛丽·卡琳小姐，毕业于英国高等师范学院，被英国教会选送到中国。她在这所学校好些年了，对学生谦和热情，做事认真严谨。

教育对人的改变是不着痕迹的。从这里走出的女学生端庄文雅，她们的教养表现为内心的虔敬和外在的懿行。

从小学到高中毕业，巧稚在这里度过了10年光阴。

这是一所新式的学校，英语作为一门主课，占用了很多学时。巧稚从小跟着父亲学习英语会话和读写，所以，她在学校的英语成绩十分出色，很早就能阅读卡琳老师指定的英文原版书。

女孩子大多对数学很头疼，而巧稚却喜欢数学的明晰和严谨。并不是林巧稚有过人的聪明，只是她学习时比别人更用心、更勤奋。

在她的晚年，有年轻人向她讨教成功秘诀，她感慨万端地说："哪里有什么秘诀，以我的经验，一勤天下无难事。"

和其他课程相比，生物就有趣多了。

教生物的是位外籍老师。他上生物课，有时会带领学生去山上捉蝴蝶、捕蜻蜓，到海滨捉水生和陆生的小动物，回来教学生把它们制作成标本。做这些事情的时候，老师总是对学生说：生物学是医学的基础，生物学的每一点进步，都是医学进步的先声。学生们虽然对他的话感到陌生和遥远，但还是喜欢上他的课。

以后的岁月里，林巧稚曾对人谈起，她所以喜欢医学，和她当初喜欢生物有很大关系。

学校还开设了手工课，教女孩子们编织、刺绣和缝纫。巧稚天生一双巧手，这些事情不仅一学就会，还常常变化出许多花样。一到交作业的时候，女孩子叽叽喳喳地叫着、笑着相互比较，完不成作业的常找林巧稚帮忙。

一次课间，林巧稚正在钩织一个发网。她只顾低头飞快地钩织，不知卡琳老师就站在她的身后。过了好大一会儿，只听卡琳轻声赞道："好灵巧的手！有这样的双手的人应当做外科医生。"卡琳平时从不和学生开玩笑，她的话一下就让林巧稚记在了心上。

每到"复活节""感恩节""圣诞节"等宗教节日，学校总要举办各种活动。

少女时期的林巧稚

女学生们去做义工，为教友们提供各种帮助。在活动中，学生养成了"乐群"的意识和奉献的精神。这种热心公益、愿意帮助别人的习惯，林巧稚保持了一生。

和所有的新式学堂一样，女子师范学校很注重体育。学校除了训练学生们体操、队列，还鼓励女孩子们参加球类运动。

让老师和同学们意外的是，身材不高的林巧稚喜欢打篮球。她因为训练刻苦被选为学校篮球队的队长，还带领球队到厦门参加比赛。在场上，她动作协调，活动灵活。她对别人说，她喜欢打篮球，因为打篮球很干脆，只要拿到球，到了自己的篮筐下，进球就得分，不进球没分，明明白白，实实在在。

体育运动让瘦弱的林巧稚一天天结实起来，人也变得活泼而有生气。

林巧稚喜欢待在学校，家里的孩子太多，没有安静的空间。亲戚邻里和来串门的女人，面对她总会说别人家姑娘提亲、出嫁的事情。

放学后，在教室做完作业，她常常凭靠在窗前，一个人静静地看海。

无边的大海，牵动了她内心无可名状的落寞。那是青春的惆怅，也是现实的忧伤。同学中很多人家境富裕，她们在一起最爱议论的，是毕业后出洋想去哪个国家。林巧稚清楚家里的境况，她早已不存这些不切实际的幻想。那个有好多洋娃娃的阿瓓一定很奇怪，性情一向随和的巧稚怎么会断然拒绝她的请求，不愿意给她的洋娃娃织件毛衣。林巧稚从不参与她们的议论，只是默默地做自己的事，埋头作业和书本中。她有着自己的自信。

涨潮了。涛声有节奏地沉沉响起，海浪追逐着，层层叠叠地扑向沙滩，浪花在礁石上炸开，惊涛裂岸，飞沫四溅。

起风了。撼天动地的呼啸中，海上卷起滔天的巨浪，岛上的树木被狂暴地撕扯变形。小岛坚实的存在，是风浪中岛上万物的依凭。

在这样的天气里，一个女孩子心中，有着怎样起伏的心事呢？

鼓浪屿至今存留着一张成绩单，那上面记录着在女子师范学校读书时林巧稚的成绩：

数学、历史、地理、生物、读经、作文、书法、修身……十二门课程，林巧稚九门名列年级第一。

二、少女的选择

三月的鼓浪屿，春已深了。几场雨下过，漫山遍野的植物恣意而纵情地生长着。阳光下的新叶绿得仿佛要滴下汁液，花蕊甜丝丝的气息合着树脂淡淡的清香，弥散在空气中。

高中班的女生们就要毕业了。在复活节前的一个周末，玛丽·卡琳老师和女孩子们一道外出春游。

玛丽·卡琳来自英国，学生们称她"密斯卡琳"。

卡琳小姐身材瘦削，皮肤白皙得近乎透明，浅栗色的头发在脑后绾成发髻，灰蓝色的眼睛透过眼镜温良而认真地看着一切。

女孩子们对来自遥远国度的卡琳小姐有着无限的好奇和敬重，特别是在知道她的身世后。她的故事有着小说般的浪漫和传奇，卡琳的未婚夫英俊多情，第一次世界大战中应征入伍。就在战争即将结束的前夕，阵亡在西班牙的战壕中……那以后，卡琳决定终生不谈婚嫁，远赴他乡来到鼓浪屿任教。

卡琳小姐喜欢鼓浪屿和平、宁静的生活。尽管刚到这里时，她惊讶于小岛居民中世纪般封闭和未开化的生活。让她倾心的是，这里四季如春的气候和淳朴的乡野风情。她喜欢漫步在空旷寂寥的海滩，尽情享受日光的沐浴，任海风吹拂衣裙。

那年冬天，她的父亲从阴冷潮湿的伦敦来这里看望女儿。他在岛上住了两个月，赞美这里充沛的阳光如蜂蜜般甜美而透明。

她在这里有了一些朋友。他们有的住在岛上，有的住在厦门。这些朋友和她一样来自遥远的西方，她常常在礼拜日和他们相聚。

还有那些和她朝夕相处的学生，她熟悉她们胜过自己多年不见的妹妹简妮。看着她们从混沌未开的小姑娘，一天天变成文雅矜持的少女，她知道，改变她们的是时间，也是教育。

这里是一个小山坡，坡度平缓，卡琳和姑娘们在这里小憩。

山坡下面是洁净的沙滩和开阔的海面，大海闪着粼粼的波光，平静地铺展在阳光下。蔚蓝的海水迎着春阳泛着淡淡的绿色，三月的大海看上去年轻而纯净。

坡地长满了茂盛的三角梅。三角梅柔韧的枝条织成了绿雾般的网，绿色的藤蔓上，红、黄、紫色的三叶状花朵，星星般闪耀在枝叶间。

岛上的房舍随地势高低起伏，星散在葱茏的绿荫中，油画般鲜明而和谐。

姑娘们坐在草地上，快乐地嬉戏着。春天的阳光照耀着她们光洁的面颊，汗水濡湿了她们的额发。身穿白夏布中袖大襟上衣、阴丹士林蓝布长裙的姑娘们衣着款式简单宽松，可朴素的衣裙也掩不住她们夺人的青春气息。

卡琳穿的衣裙和学生们校服的式样相同，只是腰间多了一条有着银色褡扣的深色腰带。卡琳身材瘦削，款式宽松的衣裙如果不束腰带就会显得有些松垮。

她掏出手绢擦拭着额上颈间的汗水，和学生一道攀爬，行走时还不觉得什么，歇下来就觉得有点累。

看着面前这些姑娘，她好像看见了自己年轻时的时光。那些日子仿佛还触手可及，却已成了遥远的回忆。

她逐一打量着自己的学生，她们或动或静，或笑或闹，每一个少女都是那样动人——羞涩热情的顾盼、甜美的笑靥和纯净的眼神、散发着淡淡香气的头发、裸露的被晒成小麦色的小臂……她禁不住有些伤感，来中国那年，她才20岁出头，比眼前这些姑娘大不了多少。转眼十多年的时间倏忽过去，岁月的流逝竟然毫无踪迹可寻。

她的目光停留在林巧稚身上，这是她最喜欢的学生。

林巧稚皮肤黝黑光洁，深深的眼窝，饱满的额头，粗黑的辫子垂在身后，越发显得身材纤细。她是个爱笑的姑娘，一笑起来，眼睛弯弯的，嘴角也弯弯的。她看上去腼腆缄默，却为人热情、明朗率直。在人群中，她并不是那种引人注目的姑娘，可卡琳却打心底里喜欢她。不仅因为她学习成绩优异，还因为她具有真正基督徒的美好品质，她勤奋诚实，勇于承担，加之她出色的英语，让她们之间的交流更多了些自然随意。

卡琳走到巧稚身边，巧稚正一边和同学说笑，一边用采撷的野草随手编织着什么东西。

卡琳轻声招呼她，林巧稚站起身来，野草的茎叶从裙裾上滑落。

她们沿山坡的一条小径并肩向前走去，姑娘们的说笑声留在了身后。

卡琳对巧稚说，学校这一届又招收了许多新生，原来教学人手就有些紧，几个老师商量后想请林巧稚在校兼职，特意让她来征求林巧稚的意见。

因为和巧稚熟，卡琳把事情说得直截了当。

这一年，巧稚 18 岁，再有半年就要从女子师范学校毕业。毕业后，究竟是升学还是就业，父亲和大哥还从来没和她提及。巧稚对卡琳老师说起过自己的思虑，她当时只是和卡琳谈心，没想到卡琳老师会用这样的方法帮助自己。

卡琳老师看出了巧稚的犹豫，她知道巧稚最渴望能够继续学习。她告诉巧稚，可以一边工作一边学习，先干半年作为试用。如果没有什么问题，半年后毕业就算正式聘用。即使巧稚以后有别的选择，这半年的工作也不会对她有任何影响。

林巧稚在女子师范学校读书时留影。前排左二站立者为林巧稚，最后一人为玛丽·卡琳老师

卡琳的好意让巧稚十分感激。

这些年，继母又生了几个孩子。二姐出嫁后，巧稚已是家里的长女。能够在学校任职，无论对巧稚还是对家里，都是好事。但是，她需要和父兄商量后才能最后决定。

一个人的青年时代是需要榜样的时代。玛丽·卡琳是早年对林巧稚影响最大的老师。她对信仰的执着，她待人接物的谦和，她的生活方式和她的为人，让巧稚懂得了，一个女人，原来可以这样生活。

在此之前，巧稚只看到自己身边的许多女人。她们或许有不同的遭遇，却有着相似的人生。姑娘时代挑选婆家准备嫁人，出嫁后侍奉公婆丈夫生孩子，她们所有的事情都是围着男人转，一辈子也走不出自家的宅院。而卡琳小姐却让巧稚看到，一个女子凭着自己的学识和信仰，同样能够安身立命，即使远离故土亲人，也可以活得独立而自尊。

校园后面小楼的尽头，是卡琳老师的房间。巧稚曾不止一次地来到这里。房间的陈设简单清雅，一桌、一椅、一床、一书架。窗外是一株老榕，虬结的须根垂挂飘拂，繁密的树冠映得房间里绿意盈盈。桌上，《新旧约全书》里夹着树叶做的书签，彩陶罐中有采摘的野花。洁白的床单上，奶黄色的抽纱挑绣出自卡琳之手。巧稚最喜欢老师的书架，她在这里借阅过许多原版的英文书。

在教会组织的活动中，巧稚跟卡琳到过厦门，也到过教区一些穷人的家中。无论面对富商大贾还是贫苦的家庭，卡琳全都一视同仁。她在鼓浪屿多年，已能听懂闽南方言。走街串巷，有人叫她"女鬼佬"，有人称她为"番婆"。无论何时，她都神情泰然，安之若素。

孤身一人在异国他乡，定有诸般孤寂和不易，但巧稚从未在任何场合听她对任何人提及。

人的心灵了无形迹，却又是如此的深邃而辽阔。

平时谈起什么时，卡琳老师最爱说的话是：上帝第一，他人第二，最后才是自己。

卡琳小姐和巧稚商量的事情很快有了结果。父亲和兄长同意巧稚一边读书，一边工作。只是要求她，不能影响学习落下功课。

就这样，林巧稚还没有毕业就开始在学校兼职。起初，她只是在教导处帮忙，做一些教务方面的杂事，每月有两块银圆的收入。半年后，她以优异的毕业成绩和工作表现被学校续聘，成为学校初中年级的英语教师，薪金也增加为每月 4 块银圆。

三、走向远方

巧稚有了心事，她想报考北京的协和医学院。

还是头年暑假的时候，大哥高中的一个同学从美国留学回国，来鼓浪屿玩儿，和大哥聊天，说到了北京协和医学院。他告诉大哥，那是一所美国人办的医学院。他说，只要拿到这个学校的毕业文凭，美国的医院都承认学历，就有了在世界各国行医的资格。他说这话的时候，巧稚正在旁边，不知怎么，就有些动心。

林巧稚从女子师范一毕业就留校教书，这是让许多人羡慕的事情。可是，巧稚真正的愿望是继续求学。她从小成绩优异，外语出色，父亲和大哥不止一次说过，她是个读书的种子，应当送她出国去念书。可是，到她高中毕业时，父亲却不再提起这个话题。她知道，家里现在已没有供她出国留学的能力。继母和父亲结婚后，接连生了6个子女。大哥大嫂也有了自己的孩子，加上双方的长辈，全家二十来口人，主要靠父亲和大哥两个人的收入，父亲和兄长的负担很重。

头几天，卡琳小姐去厦门，在和朋友的交谈中得知，协和医学院正在准备招生，全国一共招25人，7月份考试，考场设在上海和北京两个地方。

卡琳回到岛上就对林巧稚说："密斯林，这是洛克菲勒基金在中国办的学校，你报考这所学校很合适。"

林巧稚也觉得，如果能考上这所学校，不用出国，就和留学一样。而且，上医学院，以后就能当医生。从小读了许多使徒列传，他们平生的业绩，就是四处给人们行医治病、传播福音，在解救人们肉体的痛苦时，拯救人们的灵魂。她觉得，再没有比当医生更符合她心愿的了。

她对卡琳老师说了心里话。她说自己很想去报考，只是不知道行不行。

卡琳说："你是我见过的最好的学生，你应该受更完整的教育。在这样的人生大事上，你要去努力，而不要考虑自己行不行。恒切地祷告吧，听从父神的指引，请求他的带领。"

卡琳老师的话让林巧稚感到心安。只是，她还不知该怎样对父亲说起。

父亲这年已经57岁，多子女的负累使他显得衰老而疲惫。巧稚任教的收入虽说不多，毕竟也减轻了家里的负担。而一旦考上协和医学院，就意味着需要家里负担她8年。8年，实在是个不短的时间。何况她已经长大成人，而弟弟妹妹、侄儿侄女却正是上学读书的年龄。

下雨了，雨点敲打着玻璃"啪啪"直响，屋子有些闷热。

林巧稚一个人在房间关上了房门，她凝视着母亲的相片。母亲去世时，她年纪还小。留在记忆中的母亲模样，有些遥远，有些模糊。

相片上的母亲还很年轻。宽宽的前额，高高的颧骨，头发向后梳，抿得光光的。面对照相机，她显得不太自然，不太自信。林巧稚还觉得，母亲的目光有些苦楚。

如果不能继续求学，以后的命运清晰可见。等着家人给她找个好人家，然后出嫁，过一份或清苦或殷实的居家生活，延续着一代代女人大致相同的人生。这两年，她的同学陆陆续续已有人订婚，有人结婚。

继母也曾有意无意地说起，有人来给她提亲。

林巧稚不想这样度过自己的一生。

对于未来，她虽然想得不是很清楚，但眼下，她清楚自己的心愿，就是报考协和医学院。

卡琳老师说服了巧稚的父亲，而大哥振明在巧稚重大的人生关口，给了她坚实的支撑。

大哥振明说，无论如何，有这个机会，就应该去试试，别的事等考过后再说。

父亲和卡琳老师谈过话也说，不为良相，但为良医，能够学医是好事情。

决定了报考，就到了临考的时间。剩下的，就全凭巧稚自己了。

嫂嫂帮她准备出门的行装，哥哥帮她安排了行程，到厦门订好去上海的船票，还联系了与她一路同行的旅伴。

乘上英国太古公司的客轮，林巧稚从厦门港出发，驶向上海港。

在此之前，林巧稚没有到过比厦门更远的地方。她在鼓浪屿出生，在鼓浪屿长大。站在岛上望远方，远方在海的那一边。四野是茫茫的一片碧蓝，天空呈穹隆状，帷幕般垂入海中，也如帷幕般隔开了远方的一切。可是她知道，在全国地图上，厦门只是一个小小的圆点。她对海那边的世界充满了向往。

卡琳小姐通过厦门教会介绍，让林巧稚到上海住进了基督教青年会馆。

溽暑的上海，闷热得让人透不过气来。3 天的考试，考场安排在上海的教会学校。

巧稚开始还有点紧张，到后来越来越有自信。

外语考试分口试和笔试两场。口试主要是考学生的听说能力。评分标准具体而详细，有语音、语调、语速、反应、口齿、礼貌、悟性等 10 项。

一场一场考过来，最后一场是英文笔试。

汗水浸透了衣衫，不舒服地贴在后背，巧稚掏出手绢小心地垫在胳臂下面，她担心汗水会洇湿试卷。

试题并没有想象中那么难，但是题量很大。只有对英语相当熟悉，还必须手不停挥动，才能在规定时间完成全部考题。

英译汉时，一个单词绊住了她。

"Bike"——她在脑子里搜索着与此相关联的词语。联系上下文，这应该是一种交通工具。她排除了机动车，排除了牛车、马车、驴车和三轮车，最后，她写下了"供一人使用的两轮车"。这一处翻译让她心里有些不踏实，可她再也想不出更合适的中文词汇。

　　后来，她才知道，那个单词应译为"自行车"或"脚踏车"。当时的林巧稚在鼓浪屿还从未见过自行车，更没有骑过。

　　突然，考场后面有乱纷纷的声音，监考老师疾步向后面走去。林巧稚无暇旁顾，也没有回头。她还有一篇英语作文要做，这道题占分不少，她需要全力以赴。一旦专心做事，她就会忽略外界的干扰，这一点她的同学都很佩服。在女子师范学校的最后一学期，她一边读书一边工作，考试成绩照样优秀。而她的同学常常是考前熬通宵还担心不及格。

　　这时，喧哗声大起来了。发生了什么事吗？林巧稚看看外面，原来，一位考生中暑被抬出了考场。林巧稚认识她，她们同住在基督教青年会馆。

　　因为是女同学，监考老师不方便施救。他们在考场里问询，怎样联系她的家人。

　　林巧稚顾不上多想，放下试卷就跑了过去。

　　那位姑娘被抬到了休息室。她双目紧闭，脸涨得紫红，却没怎么出汗。巧稚忙让围在一起的人散开，解开姑娘旗袍的领扣，拧一条湿毛巾搭在她的额上，喂她喝水，让她吃下几粒人丹，小心为她扇着风。好一阵忙活后，姑娘终于呻吟一声，沉沉地喘出一口长气，额上、颈间沁出了大粒的汗珠。

　　这时，已到了考试收卷的时间。

　　林巧稚回到了鼓浪屿。

　　面对殷切问询考试情况的家人和同学，她如实相告，原来最有把握考好的英语却没有做完试题，这一门可能丢分最多。听说全国报考协

林巧稚（中）在鼓浪屿与同学合影

和的一共有 500 多人，最后仅录取 25 人，看来自己必定落选无疑。

父亲倒很称道她的行为："这样做是对的。但去助人，莫问结果。"

一个月后，林巧稚收到了协和医学院的录取通知书。

后来她才知道，监考老师专门为她给协和医学院写了一份报告。老师在报告中称赞她乐于助人，处理问题沉着、得当，表现出美好的品行。其中，特别肯定了她的外语对话，口齿清晰，应对从容。

这份报告附在她未做完的试卷后面。协和校方看了报告，也看了她的考试成绩，她各科成绩都考得不错，于是决定录取她。

在林巧稚的记忆中，20 岁那年的夏天不同寻常。

父亲仿佛在一夜之间年轻了许多，岛上熟悉不熟悉的人都向他道贺，他毫不掩饰自己喜悦和骄傲的心情。

一向矜持稳重的卡琳小姐激动地拥抱着巧稚，反复说："感谢主！赞美主！我知道，你能考上！"

还有那些一同走过少女时代的同学，她们赶到学校来为巧稚送行。

对她们来说，北京比南洋更遥远和陌生。听说那里寒冷而多风沙，大街上行走着骆驼，而她们的巧稚就要到那里去了。她们给巧稚留下了女孩子喜欢的小东西，嵌着珠子的发卡、可以镶照片的小镜子、羊皮面的小记事簿……毕业才短短两年，她们都有了不同的去处。相聚在熟悉的校园，女孩子们禁不住有些怅惘和忧伤。

海浪不停地拍击着海岸，发出"哗哗"的声响。

海天间追逐着松软的云团，岛上的花树正开得喧闹，小路上铺着浓浓的绿茵。

林巧稚就要启程了，这是一条走向远方的路。

一个人的命运其实就是一个人所走过的道路。

在人生的起始阶段，会有很多条通向远方的路。一个人走上哪条道路，不是没有缘由的。

第二章

协和啊协和

第二章 协和啊协和

一、北京城里的“国中之国”

协和医学院在北京豫王府旧址，东起东单牌楼，西到帅府园。这一片雕梁画栋、出檐深远、绿色琉璃瓦覆盖的宫殿式建筑，坐落在北京的中心地带，有着恢宏的仪态和气派。

尽管来北京之前林巧稚有过各种想象，可是，当她第一次踏进这个宫殿般的地方，那不同凡响的气象还是让她暗暗吃惊。这既不是外国画片上那种洛可可式的洋楼，也不是普通的中式院落。走进那些飞檐翘角的建筑，置身一座座布局严谨、敦实厚重又宽畅的楼房，一种含蓄内敛、博大精深的文化感油然而生。

协和医学院由美国洛克菲勒基金投资创办。它的前身，是外国5个教会在慈禧太后执政时

协和医学院内景

林巧稚传

期，合作升办的协和医学堂。

20世纪初，美国的煤油大王洛克菲勒斥巨资设立了洛克菲勒基金。洛克菲勒基金会的宗旨很崇高、也有些模糊——"在全世界造福人类"。实际上，这只是一个意向。

基金会董事长是洛克菲勒家族的传人。这个社会公益机构为了避免被出资人操纵、控制，成立了由社会各界知名人士组成的定期改选的董事会。董事会推选的下设会长、副会长及各部门负责人，都是自然科学、社会科学各领域的专家。基金的投向由这些专家提出方案，交董事会讨论决定。

在决定对中国投资前，曾有专家考察团先后3次来到中国。后两次的考察团成员多是著名的医学教育家。他们走访了上至当时的总统袁世凯等政府要员、下至普通医务人员的许多中国人。这是一个漫长的考察过程，当时中国共有244所医院，他们对其中的88所进行了考察。在提交的考察报告中，他们建议：以医学、公共卫生和农业作为在中国的投资项目。他们认为，在贫穷落后、饥馑及疾病肆虐的中国，这些项目的投资，符合基金会"在全世界造福人类"的宗旨。

报告建议，在北京协和医学堂的基础上建一所新的医学院校。之所以选择北京，是因为这里在历史上长期是中国的国都，文化教育方面有一定基础，交通方便，易于招收全国各地的学生。同时，原有的协和医学堂是中国政府承认的学校，在此基础上建新校，省去了很多与效率低下的北洋政府打交道的麻烦。

在小学标准方面，报告主张着眼于长远利益，办高标准的学校，以培养高级的医学领导人才为目标。报告还强调了中国社会对女医生和护士的需要。

新建的协和医学院，在很多方面都体现了这个报告的精神。

1914年，洛克菲勒基金会成立了中华医学会（亦称"罗氏驻华医社"）。中华医学会作为基金会的分支机构，负责协和医学院的资金投入和工作运行。

1915年，中华医学会接管协和医学堂。他们以20万美元的原价购得属于5个教会的协和医学堂的全部产业，又以12.5万美元的价格买下了东单三条胡同原豫王府的全部房地产，开始筹备建校。

1916年，纽约州立大学同意给协和医学院办理医学教育文凭。也就是说，从协和医学院8年制毕业的学生同时可以拿到纽约州立大学的医学博士学位。

1917 年，协和医学院举行奠基仪式，开始了新校的建设。这期间在校的学生也参加了建校的工作，他们得到了校方给予的酬劳。

负责协和医学院建筑设计的主要建筑师，是美国著名的查尔斯·柯立芝。他是哈佛医学院和纽约洛克菲勒学院的主要建筑设计者。柯立芝倾心北京那些古老而美丽的建筑，他在破败的豫王府那气势沉雄、色彩绚丽的庭院里流连忘返。

他设计的协和医学院，沿用了有着奇妙斗拱和琉璃瓦屋顶的建筑样式，留下了飞檐、彩绘、汉白玉栏杆等中国传统的建筑语汇。在设计方案中，他建议，将豫王府与帅府园之间的地产全部买下，使协和医学院分隔成两片的建筑连成一体。这样，不仅可以更好地设计和规划校园，还可为将来从哈德门大街到帅府园扩展校区留下余地。应该说，柯立芝的设计方案表现了一位杰出建筑师极具前瞻性的卓越眼光。

中华医学会的代表在投票表决时，肯定了柯立芝的建筑设计图，却否定了他进一步扩大校区的方案。他们认为基金会为了协和医学院，已经投入了很大数目的资金，不可能为了设想中的未来而追加预算。

在 1949 年以后的很长时间里，协和医学院的建筑果然如柯立芝当年的设想，扩大了许多倍，只是，那已经完全不是当初的建筑风格。

协和医学院施工期间，爆发了第一次世界大战。医学院主要的建筑材料和设施都是从美国运往中国。战争期间物价飞升，海运费用上涨，各种材料在运输途中丢失损耗，预算费用大大超支。可是，协和的建筑设施并没有因此而有所俭省。许多修缮过故宫的老工匠参与了协和的修建，他们记得，仅几座主楼走廊和檐下的雕花彩绘，每平方尺的费用就是 5 块银圆。协和医学院全部完成建设时，最后实际花耗为 750 万美元，远远多于最初预算的100 万至 150 万美元。

林巧稚报考协和的这一年，新校的建设已全部竣工。

她永远记得 1921 年 9 月 19 日那个难忘的日子。那一天，协和医学院的落成典礼和新生入学典礼同时举行。

初秋的北京，天很高，很蓝。站在协和礼堂前的广场上，远处，逶迤的西山呈现出黛紫色的剪影，近处，景山玲珑的五龙亭像屏风般开启。鸽群带着悠长的鸽哨从四合院灰暗的房脊掠过，铁皮轱辘的运水车缓缓驶进寂静的胡同中。

军乐奏响了，斗拱飞檐下穿行着中国政要和世界各地的代表。

为了庆贺这所医学院的开办，许多国家著名的医学教育家、科学家来到北京，中华医学会的成员汇聚在一起，基金会董事长约翰·D.洛克菲勒也专程赶到。协和医学院、协和护校的学生列队排在广场的中央，医学生白衣飘飘，整齐端庄；护校女生蓝衫白裙小方帽，仪表出众。在当时的中国，协和医学院是最早招收女学生的医学院校，女学生们的身影在队伍中秀逸而夺目。

来宾致辞中，中华医学会的代表阐述了协和医学院的办学目标："……我们的目标是建立一所不亚于欧洲或美国任何地方的优秀医学院，培养高质量的医学事业的领导人才和医学骨干人才，使西方所能提供的最佳医学永远植根于中国的土壤……"

协和医学院创办伊始，就与美国著名医学院——霍普金斯医学院达成协议。请客座教授进来，派访问学者出去。确立了预科3年，本科5年的8年学制。为临床教学开设的协和医学院拥有250张病床，为保证学生的高标准、高质量，每年只招收25名学生，每个学生有10张病床，可供学习和实习之用。

林巧稚入学的1921年，协和医学院有151名高级教职人员。其中123人

老协和医学院的大门

是从国外聘请的外籍教职员，28 名中国人中，有 25 名在国外受过教育。

洛克菲勒基金对协和医学院投资不菲，而当时的中国医学人才奇缺，他们为什么不着力培养更多的学生呢？中华医学会对此曾有过专项调查。他们的结论是：以当时中国 4.5 亿人口计，如果想要每 1000 人中有 1 名医生，即使全中国所有的医学院校都超负荷地扩大招生，也需要 1 个世纪以上的时间才能实现这个目标。要解决众多贫困人口的医疗问题，只有依靠建立有效的基层卫生组织，在城市和农村广泛开展公共卫生工作。而医学院校的任务就是培养出高素质的人才，去领导和指导这些工作的开展。这也是协和医学院坚持重质量而不重数量、毫不手软地淘汰不合格学生的原因。

协和医学院的建筑群由 14 座典雅美丽的楼房组成。从协和礼堂开始，以 ABCD 等英语字母为序排列（1949 年以后，改为以阿拉伯数字为序排列）。14 座建筑之间，除了礼堂，全都有走廊连接相通。每座楼都有地下室，连地下室各楼都有 3 至 5 层。

绿色琉璃瓦覆盖下的楼群犹如葱郁的树林。青色磨砖围墙环围的宫殿式建筑，体现了现代设计理念，装备着当时西方最先进的设施。无论是教室、宿舍，还是病房、实验室，所有的房间采光通风良好，所有的用具均现代、方便、简洁、实用。大到医疗设备，小到上下水管龙头，包括门锁、拉手、百叶窗，甚至抽水马桶，都是从美国定做的。

校区开着东、西、南、北四个方向的门。

南面是进入医学院的正门；西面是医院的大门；东面的门通往教授宿舍和护士楼，专供医生、护士出入；北门可到机器房、厨房，也是进煤、出灰、送杂物、运垃圾的门。

当时的北京，许多地方还不通电，不通自来水。铁皮轱辘的运水车行走在街巷，把水卖给城市居民。晚上多数人家靠蜡烛、煤油灯照明。即使通水通电的地方，水电供应也极不稳定。夜晚，一盏 60 瓦的电灯仅相当一支蜡烛的光亮。即使有自来水的地方，因为水压低，三楼都上不去水。

协和医学院有自行供应的全套水暖电气设备和辅助设施。

电机房在医院的东北角，为了减少振动和噪音，建在地下 3 米处。4 台蒸汽动力直流发电机组的发电量，除供学院内使用外，还保证了院外教授宿舍、护士宿舍和学生宿舍的用电。这里还有保证全院日夜供水的凉水泵、热水泵和从深水井取水的空气压缩机等。院内的各种管道——冷水、热水、煤气、暖气、压缩空气、消毒蒸汽和污水等，从这里通往各处。全套的水处理装置也在这里，经过处理的自来水，拧开水管即可饮用。热水管道通向宿舍和病房，一年四季供应热水。设备和管道有专人维修养护，哪怕是半夜，如果病房的水管滴水、漏水，只要夜班护士长打个电话，维修工人随时赶到。

高压锅炉房也建在地下。5 台英国制造的锅炉除供发电机组和水泵、气泵的蒸汽使用外，还输出压力不同的蒸汽，供院内消毒、化验、炊事、洗衣和冬季取暖用。

每年 10 月中旬开始供暖，一直到第二年的 4 月。病房、手术室、产房、婴儿室、急诊室的温度都在 20 度以上。这里还有硬水软化罐、地下储水池、5 口深水井，还有地炉设备专门焚化污染物和实验动物的尸体。

制冰房制造冰块和冷气，供应医院的病房、厨房、化验室和冷库。

笑气房制出的笑气，专供院内手术麻醉用。"笑气"的学名为一氧化二氮，是无色有甜味的气体。患者只要戴上面罩一吸，就能够快速产生镇痛和缓解焦虑情绪的作用。

煤气房有三座煤气发生炉，生成的煤气储存在储气罐中，通过管道供院内外使用。

汽车房有一辆救护车、一辆洒水车、4 辆小汽车供医生出诊，一辆大轿车供师生出游，4 辆大小卡车运货、运垃圾。

缝纫室专门缝制病房的床上用品、病号服和医护人员服装。

洗衣房负责清洗病房的衣物，也清洗教职工和医护人员的工作服。洗衣房有严格的管理制度。污染的衣物和洗净熨干的衣物分别从不同的通道取送。病人换下的衣物不允许在病房抖动清点，一律装进污物袋，由洗衣房收取、记录、清洗熨烫后，定时送回病房点收。遇有破旧的衣物，缝纫室就会修补好或改作他用。衣物洗好烘干后，再送到缝补组整理缝补。

此外，还有打印室、制图室、电话房和负责院内设施维修保养的机修房、电工房、斋务处。凡医疗器械、轮椅推车及病房的一应用具，随时可送去检修。

协和医学院院内遍植草坪、绿树、鲜花，走廊、病房、学院的大礼堂、会议室、宿舍的门厅，到处都有鲜花和绿色植物。

…………

20 世纪初的协和，是一个北京城里的"国中之国"。

在绿色琉璃瓦覆盖的楼群中，美国人意在建立一所体现西方价值观念和医学水平的高等医学学府。

二、专注的眼睛

林巧稚到注册处注册后，成了协和医学院的预科生。

注册处的老师给她一张表，表上有学校的方位路线图。按照表上的顺序，她到宿舍管理处拿到了宿舍的钥匙，到被服处确定了被服的号码尺寸，到图书馆领到了借书证。不到半天时间，她已办理妥当全部与学习和生活有关的手续。

预科楼在东单帅府园胡同东口外，叫洛克哈特楼，是协和医学堂建于1906 年的老房子。1925 年，协和停办预科，改为从燕京大学等学校的医学预科学生中招生。从那以后，这里改成了公卫楼。

学院的后勤供应部和女生宿舍也在这个院落里。

学生宿舍很宽敞，两人一个房间。宿舍里的配置舒适、实用。素雅的床铺卧具，全是洁白的。桌、椅、书架、多屉柜一应俱全。屋子里有洁净的卫生间，还有个小储藏室，可以存放个人的杂物。

在协和医学院读书时的林巧稚

在这里，学生不用为任何生活琐事操心。衣服被单换下来，有工友送去洗衣房洗好、烘干、熨烫平整，再送回房间。头天晚上脱下皮鞋放在宿舍门口，第二天一早工友就给擦得干干净净。食堂的中餐、西餐都由专业的营养师配制食谱，各人可以凭自己的口味挑选。学院定期为学生检查身体，体质较差的，学校免费供给鱼肝油。

学生宿舍有娱乐休息室。那是个铺着地毯的大房间，靠墙摆着沙发和桥牌桌，矮几上有当天的报纸、英文小说，还有美国的《生活画报》和《时代周刊》。中间的圆桌上，有一台两波段的收音机和扬着大喇叭的美式留声机。

学院的网球场和灯光球场按国际标准修造，健身房的健身器械对所有教职工和学生开放。

当然，在这里学习，费用也很高。如果得不到奖学金，一年的学费和生活费需 400 元钱。而在当时的北京，贫穷人家一个月两三块钱就可以维持全家人的生活。

新鲜、美好的感受并没有持续太长时间，林巧稚立即感受到了沉甸甸的压力。学习医学，要求学生有扎实的理化基础。国外著名医学院的学生，必须是大学理学院的毕业生。

协和根据这一标准，设置了预科 3 年的学制。

协和医学院规定：学生在预科期间，要完成中文、英文各 192 小时的语言学习；要完成数学 96 小时、生物 384 小时、物理 384 小时、化学 544 小时的基础自然科学的学习；要完成经济学、社会学等社会科学的学习；还要从法语或德语中，选修一门第二外语。

林巧稚在鼓浪屿女子师范学校上学时，学校没有开设物理和化学课。恰恰这两门课程，在协和医学院 3 年预科中所占学分最多。开学伊始，老师就告诉学生，学习跟不上、考试不合格的人，学校主张尽早转学去别的学校就读，免得白白浪费时间，因为越往后学习起来会越吃力。

在协和，75 分的考试成绩才算及格。一门主课不及格者，留级；两门主课不及格者，就得离开这里另找出路。

躺在洁净的床铺上，林巧稚失眠了。

物理、化学，如同两块石头压在她的心上，让她没有片刻安宁。两门主课基础全无，全学院像她这样的没有第二个人。

……从头学起，又岂是一日之功。难道在这里刚刚开始就意味着结束？或者先学习一个学期后，再转到别的学校……

林巧稚在床上辗转反侧，难以入眠。

尽管压力很大，但她没有慌乱，也没有选择退却。

她相信，所有的难关都是检验和挑选，低头认输从来就不是她的性格。她在心里给自己确立了目标，不左顾右盼，也不怨天尤人，用全部课余时间，补修中学的物理、化学。

她是个认准目标就不回头的人。就像当初在女子师范学校，人家说她个子低，不适合打篮球，她偏不服气。越说她不行，她越是要证明。球场就在那里，篮筐就在那里，进不进球全在自己。认准一个目标，然后朝着这个目标全力以赴地行进，这样的行为方式符合她的心性。

起床铃好像响在遥远的天际，真不愿意醒来啊……

睡梦中，林巧稚觉得好像还在鼓浪屿家里的小房间，耳畔隐隐还有海涛拍岸的声音。昨晚睡得太晚，一道物理题让她足足解了三个小时，仿佛才刚刚睡下，就又该起床了。

学生宿舍每天晚上 10 点半拉闸熄灯，但过了 12 点又会重新合上电闸。林巧稚摸清这个规律后，就总是 10 点半上床休息，过了 12 点再起来学习。

课程每天都是新的，她一边学着新课，一边补习以前没学过的物理、化学。

"……庄稼一望无际，镰刀却太短了。"林巧稚觉得《圣经》里的诗句很适合形容她眼下的处境。

好在她原来数学就学得不错，英语基础打得牢又帮了她。协和所用教材和参考用书都是英文原版，老师授课也全用英语。许多同学不适应，要拿出很多时间补习英文。林巧稚很感激父亲，从小学习的英语使她能够适应这里的语言环境。来自各个国家不同地方的老师有不同的口音，他们有美国英语、英国英语、荷兰英语、希腊英语，还有福建英语和上海英语……这一点很像居住着不同国度人士的鼓浪屿。

不用补习英语为林巧稚节省出了时间。平时，她只需完成英语作业，到了周末，她会用阅读英文原著文学作品放松身心。和物理定理、化学方程式纠缠一个星期后，捧起莎士比亚的剧作或简·奥斯汀的小说，她觉得简直像吃糖果饼干一样，是对自己的一种犒劳和奖赏。轻松地穿行在英文原著的节奏和韵律中，她觉得完全是自在、舒适的享受。

和英文相比，学习中文、特别是学习普通话，则让林巧稚费了很大的劲。

林巧稚家乡的厦门话属于闽南方言。闽南话与普通话相比，在语音、语法和词汇上有太大的不同。闽南话有 7 个声调，而且字音间连续变调，而普通话只有 4 个声调。闽南话中大量的方言词汇，用普通话很难确切表达。两种语言之间几乎没有直接通话的可能。

从小到大，林巧稚所听的、所说的，除了闽南话就是英语。即使那些长期生活在鼓浪屿的外国人，他们学习说中国话也是说闽南话。

学习普通话，对于林巧稚来说犹如从头学一门外语。她要一个字一个字地练发音，一个词一个词地去记忆。所以，在很长一段时间里，林巧稚的中文表达不如英文。在专业领域，她习惯用英语思维，在生活中，她又习惯用闽南方言表达。所以，当需要把英语转换成汉语时，她常常是按照从小养成的习惯，在脑子里先把英语翻译成闽南话，然后再由闽南话译成普通话。这样的过程中，一种语言本身所具有的独特神韵已经消耗得差不多了。

每天下午的时间，林巧稚总是在实验室度过。

协和医学院预科的物理、化学课，通常教师只讲一节课，然后留两节甚至三节课的时间让学生做实验。

林巧稚从小习惯中午不午睡。吃过午饭，她常常直接就去了预科楼。实验室在教室和标本室之间，学生自己领取出实验仪器，然后按照教科书上的要求操作，再观察和记录下实验过程和结果。

一个实验从准备到完成，再到写出实验报告，需要投入很多的时间，也需要足够的认真和耐心。这种日复一日的操作，是培养一个人科学精神的过程。

早在17、18世纪，从万有引力定律、天体力学、微积分学说的创立开始，医学家和生理学家们就开始用数学的、物理的方法，去研究生物学、生理学和医学。他们用定量实验研究人体的基础代谢，确立了血液循环学说和血液动力学。

西方现代科学通常被称作实验科学。强调实证，是科学脱胎于哲学、决裂于神学的标志。文艺复兴时期的文化科学巨人达·芬奇曾宣称："科学如果不能从实验中产生，并以一种清晰的实验结束，便是毫无用处的、充满谬误的。因为实验乃是确实性之母。"任何科学的结论，都具有可检验性。科学的可检验性表现为，它的结果是具体的、确定的，在一定条件下可重复的。这一特征是科学的本质特征。

学校图书馆在豫王府新校舍C楼。为了方便预科生，帅府园这边的预科楼开设了图书分馆。说是分馆，也就是一间靠楼梯南侧的大教室。教室的南半间为阅览室，陈列着最新的中英文报纸和各种外文期刊。教室的北半间排放着书架，存放着医学类书籍和文学、自然科学类书籍。

来预科楼分馆看书的主要是职员、护士和预科生。职员爱看报纸，护士爱看杂志，预科生爱在这里做作业和随意浏览书籍。

这里晚上开馆时间是从 6 点到 10 点。林巧稚从这里做完作业回到宿舍，洗漱后就到了熄灯的时间。

协和医学院的学制与美国大学的学制相同。一学年里分 3 个学期。9 月至 12 月中旬是第一学期，学期间的假期很短。圣诞节和新年一过，就到了开学的时间。1 月至 3 月是第二学期，之后是短暂的寒假。4 月至 6 月是第三学期，学年考试结束后，有 3 个月长长的暑假。协和的外籍教师大多在暑假回家探亲。

寒来暑往，预科 3 年。巧稚没有给自己放过假，也没有回过一次家。来北京很久了，还是在寒假期间，她和同学乘学校的大客车，到西山卧佛寺、八大处游玩了 3 天。

真走出了学校，她就一本书也不带，尽情地玩个痛快。从小在鼓浪屿上坡下坡，爬起香山来，她把同学们甩下老远。登上"鬼见愁"，大汗淋漓，山风扑面，俯瞰北京城，只觉得天宽地阔，无边的敞亮。

北京的冬天，西北风寒冷刺骨，林巧稚更是很少外出。协和的暖气烧得很足，学生宿舍里十分暖和。新年连着圣诞节，这些不上课、不做实验、不熄灯的日子，她集中起来补习物理、化学。仿佛才刚刚放假，就又到了开学的时间。

暑假就显得有些漫长了。窗外单调的蝉鸣牵动着她的思绪，她想念遥远的小岛，想念岛上的每一位亲人。她有时做梦会梦见父母，那好像还是小时候的情形。梦里的一切都很清晰，醒来细想却有些模糊。父亲还去港仔后散步吗？如今是谁陪他一道？侄儿侄女该长高许多了吧？院子里的荔枝熟了，不知有谁上树采摘？真想吃家乡的水果啊，哪怕是在家不稀罕吃的木瓜、凉薯也好。上个月从杂志上描下来的绣花图样，寄出给家里好多天了，不知大嫂收到没有。再回家和大哥说英语，他一定会笑着说"好厉害"……

巧稚这时候才懂得，想家、想亲人、想故乡，是因为那一点一滴、一枝一叶，都连着自己生命里最柔软、最疼痛的地方。

微风吹动窗外的树木，阳光下的枝叶闪闪地颤动。

夏天的天空，云朵变幻着形状，万物都在有所期待地拼命生长。

林巧稚合上了笔记本，她对着厚厚一沓演草纸笑了。

她不再畏惧变化多端的化学反应，也不再讨厌那些复杂的公式推导和运算。

谁也不可能轻松愉快地得到学习的乐趣。在纯粹的数理演算中穿行，是极富挑战性的智力操练。只有穿越了最初的艰涩繁难，才能领会到科学和理性引导下直击事物本质的极致快乐。

接下来的学习，就从容多了。

课余时间，林巧稚热心学生社团活动。她担任了校刊的编辑，校学生会的会计，是学生合唱团的团员，她还定期参加学院教会的活动。关心他人、热爱生活的人，心灵从不会板滞。而信仰又给了她另一层面的精神体验和生命的质感，使她对这个世界不仅仅停留于一种解释。

她不大关心外面社会上发生的事情。那些年里，北洋政府内阁走马灯似的更替变换，军阀混战，社会动荡不安。上海发生了"五卅"惨案，北京发生了"三一八"惨案，国内发生了"四·一二"反革命政变。经常有大学生走上街头，抗议无道的政府。协和校方不主张学生参与有政治色彩的活动，林巧稚对政治也从来都不感兴趣。还在家乡读书的时候，卡琳老师就常对学生们讲：政治是政治家的事。对每个公民来说，爱国表现为荣耀自己国家的具体作为。身为学生，爱国就是现在自强，以后强国。

早年的生活环境和所受教育会长久地影响一个人。

又一次期末考试成绩公布了，林巧稚门门优秀，生物还考了全班第一。

从不听林巧稚抱怨功课难，也不见她为自己的好成绩喜形于色，同学们都熟悉林巧稚专注的眼神，他们不能不对林巧稚刮目相看。

刚进校时，因为她黝黑的皮肤，还因为她来自海岛，曾有女同学开玩笑地打听她是不是渔家姑娘。如今，她们又有了新的发现。她们认为，林巧稚的外貌虽不光彩夺人，却端正可亲；就像丑陋容易引起偏见一样，美貌也同样容易招惹麻烦。倒是像林巧稚这样端端正正的容貌，对女人、特别是学医的女人最为相宜。

3年预科学习，到了毕业的时候。

林巧稚顺利地升入本科。全班入学时的 25 人，升入本科的有 19 人。入学时的 5 个女生，还剩下 3 人。

注册处的美国老师福美龄，叫得出他们每一个人的名字。她说：现在高兴还为时尚早。读协和要过 3 关，预科关、实习关和毕业分配关。这 3 关，一关比一关难，每次都会淘汰一批人。谁留到最后，谁才是真正的尖子。

老师的话没有改变他们的好心情。预科顺利毕业了，他们如今已是协和医学院的本科生。他们不畏惧未来，他们正年轻。

林巧稚穿行在校园里，这已经是她入校后的第四个年头。

院子里花木葳蕤、绿意葱茏。看着一年年长高长大的树木，林巧稚仿佛看见自己生命的年轮一圈圈刻在这匆匆流逝的岁月中。

本科 5 年，医学生们的主要学习内容是基础医学和临床医学。

一二年级集中学习基础医学，有生理学、生物学、人类遗传学、解剖学、微生物学、免疫学、药理学……

自文艺复兴数百年来，起源于西方的现代医学越来越细化和精确。医学对人体的研究具体到了细胞、血管、组织、骨骼、神经。所有这些学说，都是为了探究和了解正常人体的结构、形态和机能，以及人体患病之后这些结构、形态和机能的变化和反应。

如果说，密集而复杂的基础医学如同无边无际的海洋，那么，临床医学和预防医学就是这浩瀚洋面托举起的万吨巨轮。

解剖学教室在 B 楼，这间教室专门为解剖教学而设计。

屋顶很高的房间里，分为上下两部分。下面是解剖台，上面是供学生围观的圆形观摩台。尽管灯光十分明亮，这里仍然能让人感觉到冷飕飕的幽暗气息。

福尔马林的味道，隔着口罩依然浓烈。教师缓缓揭开解剖台尸体上覆盖的白色罩单，只听他说道："你们今天在这里的学习，决定着将来你们面对疾病的能力。我并不想强调解剖课的重要性，我只想让你们了解，人体解剖学是医生治病诊断的根底。"

当锋利的手术刀沉稳地切入那具无生命的肌体，看层层组织器官一一呈现时，解剖室里的气氛静谧而凝重。通常，死亡是人们不愿意正视的现象，而经过医学训练的眼睛，已穿越了具象的死亡，在生命已知、未知的领域里寻觅、探索。

待到上病理解剖课时，医学生们更懂得了解剖学的意义。有时候，门诊和病房怎么也弄不清楚的病因，到了解剖时就会一清二楚。

1925 年 1 月，孙中山先生病重住进协和医院。手术师打开他的腹部时，发现孙中山先生的肝脏的癌肿已经转移，布满了整个腹腔。主刀医生认为，此时手术对病人毫无意义，于是，只能缝合伤口，靠药物延续他的生命。

孙中山逝世后，他的内脏被作为病理标本，存放在协和医学院。抗战期间，日本人占领协和，此标本也在那时失踪。

解剖学考试的铃声响了，短促而急迫的铃声就像考生短促而急迫的呼吸。

人体解剖名词共有 2 万多个，包括神经系统，血管淋巴，全身的 206 块骨骼，骨骼系统的一个凸、凹……所有这些英语解剖词汇都要求和人体组织器官准确无误地一一识别、对应、指认。人体的任何一块骨骼，包括腕骨、趾骨，要求学生用手一摸就要迅速、清楚地辨认，不仅要说出这一块骨骼的名称，而且要分清左右。

考组织学和病理学时，老师常常给学生几张切片。里面的肠管、血管好多东西套叠在一起，学生要辨认出这是什么组织的什么病变。如果平时的学习不扎实，很难蒙混过关。

林巧稚在读时，协和医学院的解剖学研究因步达生教授而闻名。

步达生是加拿大人，他参加了北京周口店的考古发掘。

在研究中，他根据周口店洞穴中发掘出的一颗古人猿的臼齿化石，确定了一个新的人种——北京人。他和实验室的同事把古人猿破碎的头骨，复原为完整的头颅标本。至今人们从各种教科书中看到的古代北京猿人图像，都来自这一标本。他们的发现震惊了世界，使中外古人类学家、考古学家把对古人类研究的目光从欧洲大陆、非洲大陆转向了东方。

周口店"北京人"的发掘研究，在中国国家地质调查局新生代实验室的领导下进行。步达生教授是这个研究室的荣誉主任，他做研究的实验室，由协和医学院提供。

1934 年春天的一个夜晚，步达生教授在实验室猝然逝世。他伏案去世时，手里还握着笔，案头面对的，是"北京人"的头颅标本。

在协和逝世的还有美国的儿科权威豪特，他当时是协和的客座教授。教学之余，他常到孤儿院义务为孤儿检查身体，为贫苦的孩子义诊。他身材高大，对患儿和蔼可亲。在检查中，他惊讶地发现，这些孩子没有吃过糖和牛奶，他们的主要食物是窝头和大白菜。尽管他们长期缺乏食物和营养，却很少患龋齿。他的发现启发了在协和从事预防医学的医生，后来他们在北京第一卫生事务所普及公共卫生，就尝试用白菜水调黄豆粉喂养那些缺乏母乳的婴儿。

在协和医学院工作期间，豪特教授因慢性肾炎急性发作，导致肾功能和心功能衰竭而病逝。临终前他提出，死后遗体供医学解剖用。在病理解剖室里，许多师生目睹了他因病变而干缩的肾脏。大家回想他蔼然有君子之风的形象，莫不悲从中来。

比林巧稚高两届的协和医学院学生、"文海奖"获得者诸福棠医生，就是受豪特教授的影响，选择了儿科作为自己的专业。

步达生和豪特两位杰出教授的猝死，给协和师生留下了深深的伤痛，也留下了难以忘怀的记忆。两位教授为医学科学献身的精神，成为医学生们的楷模。

在所有学科中，生理学是学生们既喜欢又害怕的学科。因为，这是一门不下苦功夫就很难过关的学科。林巧稚在校时，教生理学的是英国教授克鲁馨。他对这个领域有研究，特别重视生物实验课。学生做实验的动物开始是青蛙，后来是小狗。一个实验从头到尾做下来，常常要从白天到黑夜，星期天泡在实验室是再平常不过的事情。

后来，协和的生理学由中国教授林可胜、张锡钧担纲。他们对学生同样要求严格，同样在学界享有极高的声望。

学生平时在实验中下没下够功夫，到考试时就见出了分晓。生理学考试，其中50分是卷面成绩，50分是实验成绩。除此之外，还有口试成绩。实验考试一般是让学生在规定的时间内，以青蛙为实验材料，画出动作曲线。任何一个小的疏漏，就会使动作曲线出不来。做实验那一刻，真叫作屏息凝神。

当年的考生，后来成了协和医院著名的权威专家。很多年后，还清楚地记得生理学考试时，老师即兴给他出的口试题：

"假如一颗普通手枪子弹从前额部正中与眼睛的平行之处打进，而后从头顶正中出来，中弹人会出现什么症状和后果？"

令学生叫苦不迭的课程是寄生虫学。法伍斯特是美国的寄生虫学家，他要求学生熟记各种寄生虫的形状和名称，还有寄生虫及虫卵的尺寸。那些蠕虫、线虫的英语单词又长又拗口又难记，尽管林巧稚的英文很好，这些寄生虫也没少让她吃苦头。

中国教授吴宪，是国际知名的生物化学专家。每逢有吴宪教授的课，学生总是提心吊胆。

每次讲课前，他都要先出一道题考学生。试题既不是已经学过的内容，也不是课本上有的内容。他要求学生在 5 分钟内回答完毕，然后立即给出分数，随即再把最高得分和最低得分的试卷贴到教室的墙上。

除此之外，他每个星期还要再加一次小测验，收走试卷在下周的课堂上分析和讲评。

一次上课时，他神情严肃地问学生："你们知道人和猴子有什么区别吗？"学生面面相觑。这时，只听他说道："人知道自己不知道什么，猴子却不知道。"

至此，大家才明白，教授生气了。他对上次的测试成绩十分不满意。

卡波斯教授是个有趣的荷兰老头，他讲授的神经解剖学很受学生欢迎。他亲手绘制了人体神经经络图，用不同的颜色表示不同的神经分布，让复杂的神经系统有了清晰的呈现。

卡波斯爱穿中国的传统服装，长袍马褂，配一只带银链的怀表。他灰色的眼睛，淡黄色的头发，戴一顶瓜皮小帽，看上去十分好笑。

特别热爱中国传统文化的，还有英文教授查可。他一句汉语都听不懂，却特别爱看京剧。那些常年出入长安大剧院的京城老戏迷，都知道这个西装革履的"洋人"。

每次看戏，他总是请两个高年级的男生与他同去。听着学生的英语翻译看京剧，他兴味盎然，乐此不疲。迎着剧院里那些不解的目光，他一脸的若无其事，神闲气定。他对这种听戏方式也上了瘾。

林巧稚俯身在显微镜前，消过毒的双手举在身体两侧。学生们正在上微生物课。

显微镜下，消毒后的双手的培养皿上，几乎看不到细菌了。可消毒前做的培养皿上，却生长着无数菌株。密布的菌株形成了苔藓般的菌丛，在显微镜下，有着触目惊心的丑陋。

医学生们每当想到这些丑陋的细菌无处不在，就觉得医院再严格的卫生消毒要求都不过分。

学习实验外科，要经过 3 道程序的消毒。

用肥皂洗手、刷手是第一道程序。拿一把小刷子细细清洁刷洗过的每一个手指甲缝，然后再用药水和酒精浸泡双手和小臂。

学习了实验室化验，医学生们要自己给自己做血常规检查。

林巧稚用皮筋勒着自己的左手拇指，一次又一次地练习穿刺取血、查血红素和红白血细胞分类。拇指上针痕累累了，再扎食指、中指。"身体发肤"经受了皮肉之苦，可她做血常规检验却越来越熟练，越来越精确。

手指上针扎过的地方，再被酒精浸泡，麻沙沙的有点疼。

一只麻醉过的小狗躺在手术台上，林巧稚要给它做胃部分切除手术。虽说这只是一次课堂实验，虽说这只是一只小狗，林巧稚在手术前仍然做了充分的准备。她精心研究小狗的解剖位置，设想了手术中可能遇到的各种问题。

林巧稚的动作准确、敏捷，手术刀在手术部位灵巧地游走。处理好伤口的小狗被抱走了，手术台上的白布单上看不到多少血迹。

课后，林巧稚听说，指导老师对别人夸她，说她缝合的伤口像绣花一样平整、漂亮。

紧张的课业学习之外，医学生们经常有机会参加学院举办的各种学术活动。

林巧稚在实验室里

每周一下午，是外科病理讨论。周五下午，是临床病理讨论。

每周三下午，是教授会固定的学术研讨时间，院内的教授在会上宣读自己的学术论文。

周末，协和礼堂常有名家讲座。讲座的内容不仅有自然科学，还有文学艺术、社会科学等方方面面。林巧稚在这里听过泰戈尔、胡适、徐志摩、马寅初的演讲。

每个星期天上午，是教会的主日。有神学家在这里讲授神学。同时，也给无神论者提供讲坛。无神论者演讲宇宙、地球的形成，讲从猿到人的进化论。

医学生们的学习生活丰富而紧张，这是跨进医学殿堂前必要的填充和磨炼。

如果说，艺术领域更多地需要天赋和感觉，需要创造性的想象和无中生有，那么，医学科学则更多地需要客观和严谨，需要理性的分析和判断，需要尊重每一个个体生命的科学精神和人文精神。

长期的训练和熏陶，积淀成为一个人的素养，形成人的认知方式和思维习惯。它贯穿了人的精神世界，能够在工作中、生活中支配人的行动。

很长时间没有收到父亲的信了，这让林巧稚有些心神不宁。

此前，父亲的信和汇款总是在每个月的月初准时寄到。而这几个月，却总不能准时收到大哥的来信和汇款。大哥的信写得很短，信中只是说，父亲病了，不便写信，让巧稚安心读书，不要惦念。

巧稚怎么能不惦念呢？沉重的心事压在心头，听课学习时，要拼尽全力才能集中起注意力。一向爱笑的她沉默了下来，学习成绩也一反常态变得不稳定。

协和本科的头两年是很关键的两年。能否顺利完成本科学业，这两年差不多就可以见分晓了。

学校对学生的考查是全方位的。

每位教师都有一份附有学生照片的花名册。学生平时的作业、实验报告、读书笔记以及考试成绩，教师都有详细的记录。每到期末，由教师评议组对每位学生进行评议。评议的内容非常详尽具体，除了学习成绩，还要评估这位学生是否具备成为一位优秀医生的潜质——是否有从事教学科研的能力，言行是否得体，举止是否文雅、礼貌，仪表是否端庄……

学院主管部门根据教师评议组的评议，决定学生中优秀、升级、留级和淘汰的名单。

也有品学兼优而不能升级的学生，那是因为长时间超负荷的学习拖垮了身体，他们不得不暂时休学或停学。著名胸外科专家吴英恺、著名泌尿外科专家吴阶平以及著名儿科专家周华康，在协和学习或任职期间都曾因患肺结核而病休。病休期间，患者可以到协和的西山疗养院疗养。

为了增强学生的体质，协和给在校学生补贴了伙食费，并提高了营养标准。

二年级的暑假到了，林巧稚决定回家一趟。

家里寄来的生活费，她把能省的全省下来，攒够了回家的路费。

动身前，她去了东安市场，想用仅有的一点余钱给家人买点东西。

父亲爱吃甜食，她专门给父亲买了稻香村的点心。她还给侄儿侄女们买了糖果，给继母和大嫂买了衣料。

离开家 4 年了。为了学习，也为了节省路费开支，林巧稚 4 年没有回过一次家。在决定回家那一刻，她真的是归心似箭。

在码头接巧稚的是大哥振明，不祥的预感被证实。

大哥一直瞒着巧稚，他们的父亲已经去世半年了，62 岁的他死于脑溢血。

大哥带着巧稚来到父亲的墓前。

大哥说，父亲走得很突然，也走得很安详。父亲此前就告诉孩子们，他回天家的时候，不希望亲人用眼泪给他送行。

大哥的话多少使林巧稚得到一些安慰，尽管她抑制不住心痛。她难过的是，父亲含辛茹苦把她养大，她没能报答父亲，也没能照顾父亲。她还为自己难过——在最需要母亲呵护的时候，失去了母亲；在最需要父亲扶持的时候，失去了父亲。

家里的变故很大。小八卦楼卖给了别人，兄弟几个分了家。大哥一家在岛上两拢头路找了一处房子居住，二哥一家住在厦门，三哥和二姐去了新加坡，继母跟着自己的孩子生活。大姐款稚的丈夫病逝了，她领着孩子回了娘家，如今和大哥振明一家住在一起。

巧稚在大哥家住下。当她从悲痛中回过神来，她看到了、呼吸到了熟悉的、家的气息。

墙上有父母亲的照片，照片上的父母亲还很年轻。

案头有英文版的《圣经》，那是父亲最喜欢的串珠本。

吃饭时，一家人团团围坐，蚵仔豆豉、番薯稀饭就是人间至味。

侄儿侄女一声声"三姑""三姑"的呼唤，让她回到了从小熟悉的生活当中。

骨肉亲情让最寻常的房屋成了温暖的家，一家人日常琐碎的生活，如同疗伤的膏油，一层层敷贴在巧稚的心上。

巧稚看到，鼓浪屿这几年也有很大变化，一些南洋回来的人家在岛上盖了新楼，岛上的道路比过去宽些，整齐些。

林巧稚有了足够的心理准备面对现实。是否还能继续在协和的学习，她准备平静地听从命定的安排。她甚至做好了两种打算，或者回厦门来教书，或者在北京转学读不花钱的师范学院。她打定主意，无论如何，没有了父亲，自己不能成为哥嫂的负担。

大哥大嫂打消了她的这些念头。

大哥告诉巧稚，父亲留下了一千多块钱，全部用来作为巧稚的学费。老大嘉通已经高中毕业，眼下家里紧，先让他出去做事，上学等一等再说。自己挣得虽不算多，也还能养家。另外，嫂子卖掉了结婚时的首饰，在岛上和别人"打会"，有急用时可以从"会"里筹钱。

大哥慢慢地说着这些话，仿佛在和巧稚聊家常，可巧稚已经满眼含泪。

泪眼迷蒙中，她听见大哥说："阿妈临终时，最放心不下的是你。阿爸最后的心愿，也是想让你完成学业。你不要多想，完成学业是大事，家里总归是会有办法的。"

巧稚听任眼泪肆意地流淌，她不能不满怀感激。早逝的父母无边的爱，兄嫂无言的恩情，还有侄儿的懂事，全都是命运对自己的厚爱和眷顾。自从回家以来，她还没有这样哭过。

眼泪冲去了纷繁的思绪，心里也亮堂了起来。她这时才知道，自己是多么不愿意放弃协和的学业。

转眼到了返校的时间，巧稚又一次来到父亲的墓前。

她在父亲的墓前站了很久……

命运的打击无处不在，有人却在受伤后变得更坚强。

三、年轻医生

秋天是伴随着一场一场的秋雨到来的。

天空灰蒙蒙的，细细的雨丝如同无边无际透明的纱帐，笼罩了一切。

这是个星期天，林巧稚独自一人坐在宿舍的窗前。尽管已经入秋，窗外的草地仍是一片碧绿。刚修剪过的花草树木，在雨水的冲洗下，越发绿得柔润。

桌上，是巧稚写给大哥大嫂的信。她告诉哥嫂，大哥寄来的钱收到了。自己已升入了三年级，开始到协和医院做见习医生。病房的工作很忙，她很想念侄儿、侄女们。

巧稚想起一年前离开家的那天，也是下着细细的雨。大嫂提着一篮子东西，一直送巧稚到船上。篮子里有大嫂用文火熬炼的椰子酱，还有大姐炒制的加吉鱼鱼松。待行李物品一一安顿好，大嫂还体己地对巧稚交代着各种事情……

自从父亲去世后，每次接到大哥振明寄来的钱，巧稚心里都有一种负疚感。这种负疚感让她学习更加努力，生活亦越节俭。

她已经很长时间没有添置过衣服。冬天是两身棉旗袍，夏天是两件白麻纱大襟上衣，两条布裙。这个年龄的姑娘怎能不爱美，巧稚精心在白上衣的衣领和袖口处，用丝线钩了细巧的白色花边。

凡是能来协和医学院读书的人，家里都具有一定的经济实力。林巧稚环顾周围的同学，特别是女同学，几乎找不到比她家境更窘迫的。但是，即使检视内心深处，她也从未因此感到自卑。在心无旁骛、埋头学习的日子里，她心中信念的种子已长成了大树。她安之若素于淡泊的生活，不攀比，不旁顾，一心做好自己的事情。因为她深知，她如此热爱的医学科学即使她付出一生也不能穷尽，她的内心平衡从不建立在外在那些靠不住的东西之上。

林巧稚从小到大成长的环境，为她提供了对诚挚、爱心、坚韧、勤奋无限信赖的精神资源。这些人类最美好的品质积淀为信念，使她能够葆有纯粹的心境和人生。

医学生们进入了临床学习阶段。

三年级，到各科轮流见习。

四年级，到门诊实习。

五年级，到病房任实习医生。

这是一种开放的学习方式。医学科学是一门实践性很强的科学，让学生尽早和疾病短兵相接，让书本知识还原到应用，使理论转化为认知和经验，是医学生们登堂入室进入医学殿堂的唯一正确路径。

学习临床，要先从学习诊断技术入手。

高年资医生常说，病人是医生最好的老师。要想做一个好医生，就要走近病床，走近病人。见习生在病房，每人每周分配 1 至 2 个病人。见习生要做的是独自采写病史，自己动手为病人做常规检查化验，再根据各种检查化验的结果，做出初步诊断，然后写出完整的大病历，交给导师。

每个见习生都有一位指定的导师。

导师看到见习生采写的病历后，并不多讲什么理论。他往往会和学生一道再对病人进行复查，核对检查化验的结果和各种体征。他还会就这一病例的种种可能病因和问题向学生提问。

导师对学生的负责任，表现为毫不留情的严格和认真。常有人被导师问得张口结舌，也有人被训得面红耳赤，还有的人提交的病历反复写十几遍也不能过关。

高质量的病历是正确诊断疾病的前提，要求具有系统、完整、翔实而不烦琐的特征。

所以，学生在向导师提交病历之前，都要跑图书馆，上病案室，查阅相关病例的资料和各种文献书籍，对自己分管病人的疾病做最充分的了解，避免在导师追问时张口结舌。

人们常说，协和有三宝：教授、图书和病案。

导师为学生指点路径，而图书馆和病案室则为学生解决各种具体问题提供帮助。

图书馆在 L 楼。长长的廊道里铺着橡胶地毯，人走在上面悄无声响。阅览室分布在廊道两侧，一楼是图书，二楼是期刊。古老的医学文献，学科发展的前沿动态，在这里都可以查到。绕墙排列的书刊全部开架，多是外文原版。书刊按学科分类，查阅起来十分方便。为了避免书刊放错位置，阅读者从书架上抽取的书刊放到桌上就可径直离去，自有管理员去放回原处。

房间里有书桌和高靠背椅，协和的许多教授有自己习惯的固定位置，他们的星期天常常在这里度过。

经常来这里的医学生们已习惯了这样的画面——他们平日敬畏的老师蹙眉凝神地面对书本。那些熟悉的身影镶在窗框里，像是剪影，又像是雕塑。

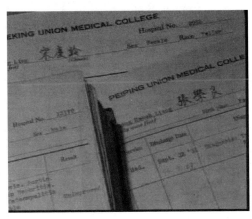

病案室在 K 楼。这里完好地保存着协和建院以来所有患者的病历。

协和医院保存的病案

重视病案书写是协和的传统。它是医学生临床入门的基本功，也是医生考评晋级的依据。

老协和人都记得，当年的外科主任娄克斯，每次手术后都要亲自在打字机上打出手术记录。一份交病案室保管，一份自己留存。

这些详尽的病历档案，为患者留存了病史和治疗记录，为医学研究提供了第一手的资料和数据，也为医学生们提供了各种病例的翔实的学习材料。

在协和医学院，无论是高年资医生，还是普通的医学生，需要查阅相关病历时，只需将题目交给病案室主任王贤星，不出两天，他就会从上百万份病案中提取出相关的病例。

多年以后，林巧稚已是协和医学院的妇产科主任，为了掌握关于中国女人骨盆尺寸的数据，她也是在这里查阅到了相关病历的全部记录。

见习生最后被指导老师认可的病历，会被纳入正式病历保存。学生病案书写的成绩，会被计入期末考试的总成绩中。

这样的学习过程，是逐步接近疾病本质的过程，也是逐步完善诊断治疗方法的过程。见习生在几个不同的科室轮过来后，进步和提高是明显的。

反复的实践形成了习惯，在接触病人时就不会遗漏任何疑点和要点。即使在医务繁忙、病人众多的时候，也会条件反射般地投入到诊断中。

一种作风的形成，不会在一朝一夕之间。一个集体的作风，能影响集体中的每个人。

轮流在不同的科室见习时，林巧稚对此有着深刻的感受。

"Hospital Roudne"（医院常规）体现在医护人员的每一个工作细节中。

病房任何时候都要求保持整洁、安静。医护人员走路不能发出声响，护士挪动椅子要端起来不能拖拉。开门、关门时要用手扶着轻轻开合，不能因为任何原因惊扰到病人。绝对不允许医护人员工作时嬉笑玩闹、扎堆聊天。

一天两次的晨晚间护理，护士必须在规定时间内做好一切事情。保持病房整洁，让病人感到舒适，病床必须平整干净。护士还要为行动不能自理的病人盥洗，用火酒为长期卧床的病人擦身。无论病人年龄大小，护士对病人要像母亲对孩子一样"勤、慎、警、护"。

医生查房给病人做检查时，护士要先拉上窗帘，调好灯光，轻声告诉病人要做什么，检查后还要为病人盖好被子。

林巧稚（右一）毕业时与同学合影

　　家政科的海典丝小姐负责全院的家政——水、电、桌椅、窗帘、环境、卫生……对这位不苟言笑的老姑娘，清洁班的工人不敢打一点马虎眼。

　　她对医院各处清洗卫生的要求，每个地方都有具体规定。什么地方要用消毒液消毒，什么地方要用肥皂水擦洗；消毒液、肥皂水的浓度为多少，配比绝不能有差错。

　　每天上午医生查房后，就是海典丝检查病房卫生的时间。厕所、走廊不能有长流水、长明灯，病房所有的物品要按规矩摆放。她手握一块白手绢，轻轻擦拭着走过的地方。一旦白手绢上发现污垢，不仅清洁班的工人要被处分，病房的护士长也要受批评。

　　多风沙的北京城，号称"无风三尺土，有风尘满天"，可当年的协和总是窗明几净，一尘不染。即便在人来人往的门诊部，水磨石地面也总是光可鉴人。

　　很快就到了期末考试的时间。

　　见习生们在不同的病房见习一年后，学年考试的内容是内科临床诊断。

　　这门考试以严格著称，老师对每个学生单独"过堂"。

　　老协和的临床教育以内科为重点，内科临床考试在本科三年级的期末进行。

林巧稚没有留下她考试的记录。我们从其他老协和人的回忆中，可以感受到当年考试的情形。

范琪应该算是林巧稚的学生，她后来成为公卫专家和营养学家。在回忆中，她曾谈起当年协和的考试：

> 临考试前，病室换一些新病人，学生不许再进病室。
>
> 考试时，老师临时给每个学生指定一个病人，要求在一个小时内完成病历询问、体格检查、常规血、尿化验，在此基础上考虑该病人的诊断、鉴别诊断和处理意见。
>
> 记得在那次考试中，我很快发现给我的病人是心脏病患者。心中略觉宽慰，因为自己对这类病例是有充分准备的。
>
> 记得主考老师有刘士豪教授和钟惠澜教授等。
>
> 他们向我详细询问了病历之后，又核对体检及化验所见，结果都准确无误。
>
> 接着，过难关的时刻来了。这时该由我说明诊断、鉴别诊断和处理意见。关于鉴别诊断，我报告了各种心脏病的可能性、特点和为什么本病例最可能是风湿性心脏病（兼代偿性心力衰竭）。
>
> 我觉得已经说得很全面了，但主考老师还是追问：还有什么别的心脏病的可能？我想了半天，补充了一个。但老师还在追问。我真窘呀，脑子都掏空了，心想，哪儿还有别的可能性呢？只好低头站着。
>
> 片刻之后，老师问：是否也应考虑甲状腺功能亢进的可能性？
>
> 我一听，立刻惭愧得脸发烧。真的，我怎么忘了它呢？由此又暗暗想到，在问病时忘了问与甲亢有关的问题了，老师若追问起来可太糟了！
>
> 当时心里七上八下，又懊恼又害怕。
>
> 幸而老师没有再问，大概是因为就这个病例来说，甲亢的可能性毕竟很小的缘故。
>
> 在处理意见中，老师也是一样一样地问。我说到了毛地黄（药名）化，包括其用量及步骤。老师追问：你怎么能知道毛地黄化还不够充分或是已经过头了呢？我只回答了前半个问题，对后半个问题又说不上来，再次窘立无语。

老师扫了我和其他同学一眼，说出了答案。又说，这个问题平时强调不够，希望今后大家注意！

对我的考试就这样结束了，那时我真有如蒙大赦之感。

…………

著名的心血管病专家黄宛，当年和范琪的考试经历相比，更具有戏剧性。许多年过去了，他对当年的情景仍记忆犹新：

期末考试前一两周，便禁止我们进病房了，为的是新收的病人要做我们的考试对象。

岂知考试那天，住院总医生分配病人时忽然问了我一句：你是南方人吧？我原籍浙江嘉兴，便说是。哪知我这个南方人生在北京，长在北京，对南方的老家话却一点儿也不懂。

住院总医生分给我的病人，是个13岁的来自江浙的瘦小男孩。

我一问病历便出了麻烦。

我问的话他听不懂，他说的什么我也听不懂。

时间一分钟一分钟过去了，我们俩一个南腔一个北调，搞了近半个小时，结果等于零。

做体格检查吧，体温正常，脉搏较慢，心肺正常。只是在查腹腔时，摸到脾脏大一些，其他正常。连忙给他做血、尿常规化验，除了白血球偏低些，分类中淋巴细胞高些，其余都正常。

一个钟头很快过去了，我面对的病史除了有一个稍稍增大的脾脏和白血球略低，近乎空空如也。

诊断做不出来，准备挨"尅"吧！原来打算在教授面前流利地报告病史、体检及化验结果，然后再对答如流地分析、鉴别诊断，现在全部成了泡影。

丑媳妇终须见公婆，3位考试教授——斯乃博、刘士豪、钟惠澜已来到了面前——他们手上还提着马蹄钟。

我说，由于言语不通，我没有问到病历。

三位教授大为惊异，说：那么，报告体检和化验结果吧！

我说，只有脾脏大些，肝脏却不大。白血球低些，淋巴细胞多些。

接着，又问诊断。我说，我没有做出诊断。

刘士豪教授听了，气得当即就要走。幸好钟惠澜教授是搞热带病的，再看斯乃博教授却还未动气，就问我：就算没有病史，那么他脾脏还大，白血球低些，你考虑该是什么问题呢？

这一问，突然触动了我的灵感，我立刻说，莫非他是个伤寒病初愈的孩子。

紧张的空气似乎变得松动了。

我这么一句答疑，居然把一位已经要走的教授请了回来。顿时，我信心倍增。

教授们向我提出了一系列问题。我心中有了底，回答也自如多了。

考试后，最使我感动的是，我的指导导师黄祯祥大夫像家长一般地在病房外等待着我。他详细询问我考试的情况，我含着眼泪一一向他倾诉。他连连安慰我说：你的困难我能理解，不论你答得是否正确，你的思路是正确的。

事后查明，那孩子果真是个初愈的伤寒病患者。

协和的严格训练，使学生们获得了很强的独立诊断和处理病情的能力。他们以后在医学界成了不同领域的专家，声名赫赫，成就卓著。每当他们谈到当年在协和的学习时光，无不感慨万端，心怀感激。

本科的最后一年，毕业班学生在内科、外科、妇科轮流实习。林巧稚成了一名实习医生。

北方的冬天，天黑得早。6点刚过，屋里不开灯就看不清东西了。林巧稚从病房回到医生值班室，抓紧时间整理几份化验报告。

协和的临床医生分为6级：实习医生、助理住院医生、第一助理住院医生、住院总医生、主治医生、主任医生。在临床医生中，实习医生资历最低，但工作责任和工作量却很重。

林巧稚每天早上6点起床，7点到病房巡视自己分管的病人。如果上午有手术，要提早到手术室，做术前的准备。那时候的协和医院，手术器械师和麻醉师由实习医生担任。

下午看门诊，实习医生要协助医生接诊。门诊结束后，再回到病房，查看上午手术后的病人。这时，病房里往往又有了新的住院病人，需要询问新病人的病史，抓紧时间做各种常规化验——当时血、尿、便的化验都由实习医生自己负责。

晚饭后，再到病房巡视自己分管的病人。然后，整理下午的化验报告，书写新住院病人的病历。如果第二天大巡诊有自己分管的病人，更得和住院医生一起提前做好准备。

每次大巡诊犹如一次临床考试和学术讨论，它是临床实践水平的展示和演练。无论是不是实习医生分管的病人，主任随时可能向任何人提问。

内科病房在 H 楼。H 楼一共 3 层，每层有 25 张病床。病房宽敞整洁，光照良好。打开高大的病房门，病床可以顺畅地进出。

每周一次的大巡诊开始了。

一支白衣队伍向病房走去。

走在前面的是内科主任。他身后是内科医生和会诊的医生。接下来是住院医生和实习医生。队伍的最后，是见习学生和其他医院的进修人员。内科护士长跟随着巡诊的医生，她要查看病房的一切，保证巡诊时病房的秩序。

白衣队列走进病房，病房里顿时肃然无声。

他们来到一张病床前，患者是一位 19 岁的姑娘。她头发干涩，脸色蜡黄，瘦小的身体平躺在床上，像是个还没有发育完全的孩子。

医生之间的对话全是英语，病人一句也听不懂，她显得有些紧张。

接下来，由实习医生报告病例：患者患病一年半，入院 5 天了。入院前曾在别的医院就诊，被诊断为患有慢性胃炎。就诊后病情有所好转，但以后又持续发作。

患者症状为：厌食甚至拒食，时而又暴饮暴食。常常在进食后突然呕吐，病情反复发作，患者以前体重 57 公斤，现在体重 40 公斤，且患有内分泌失调，表现为停经半年。血压低（40～60），心动过缓（52次／分钟），体温低（34～35度），饥饿感丧失。

实习医生报告了患者入院后的各种化验结果和胃肠道检查结果。

主任和所有参加巡诊的人都静静地听着他的报告。

实习医生的报告要求完整扼要，既不重复琐碎，又不遗漏任何与病症有关的信息。从中，不仅可以得到辨析病情的资料，还可以判断出这是不是一位有培养前途的医生。

作为资深的专家，他们看人一般不会走眼。

接着，主治医生谈了对这位病人的诊断意见和治疗措施。

主治医生谈完后，主任开始引导大家提问、讨论。

他们主要探讨了神经性呕吐与慢性胃炎、早期妊娠及尿毒症的区别。其中特别提出与颅内占位性病变、特别是脑瘤的区别。还有神经性厌食与胃癌、肾上腺皮质功能减退的区别。

讨论时气氛很热烈。

这时，主任走到患者床前，他要给患者做检查了，讨论顿时停了下来。

在主任临床诊治中，年轻的实习医生们看到，越是高水平的医生，越是细致谨慎。他们从不轻易下断语、做结论。他们总是认真倾听病人的诉说，重视与病人交流，对每一个病例进行具体分析。

他们发表自己的意见时，通常的语式是："还不能肯定……""有这种可能……""是否应该……"

与其说他们是为自己的诊断留有余地，不如说他们在长期与疾病的搏斗中，养成了对不同病人的尊重，包括对千变万化的疾病各种可能性的慎重。

参加大巡诊，医学生们每次都能学到很多东西。当然，也包括难忘的教训。

一次，内科病房接收了一位营养性巨红细胞贫血的患者。她的心前区有Ⅱ级收缩期杂音，被诊断为继发性贫血引起心脏杂音。内科主任同意了这个诊断，确定了治疗方案。果然，经过治疗病人的血色素上升，大家对这个效果很满意。

可是，下次大查房时，主任发现这位患者的心前区杂音丝毫没有减轻。那么，用贫血已不能解释这一病症。科主任立即查阅了患者的全部检验报告，发现患者还没有做过梅毒性心脏病的检验。显然，实习医生疏忽了这一环节。

结果，主任当众狠狠批评了这个病区的主治医生。

虽然实习医生没有受到一句批评，但这个教训足以让他记一辈子。作为下级医生，任何失误，不仅会耽误病人的治疗，还会连累自己的上级医生。

有时候，医生也会犯很可笑的错误。事后，连他自己也觉得匪夷所思。

也是一次大查房，一位实习医生报告完病人的病情，接着报告检查结果。可能是紧张的原因，这时，他画蛇添足地说了句："查前列腺不大。"

大家全都以为听错了，因为这是位女病人。

主任听了，没有发表任何议论，只是转头轻声问实习医生："Doctor（医生），你确实检查前列腺了吗？"说完，他头也不回地带领众人走向下一位病人。

大家想笑又不敢笑，但全都记住了这个尴尬的场景。

说到底，临床医学很大程度上要靠经验的累积。大巡诊给年轻医生的影响久远而深刻。高年资医生的临床经验，他们广博、严谨和直抵疾病本质的本领让实习医生羡慕，他们分析病症时清晰、辨证又具说服力，令实习医生钦敬。他们给了医学生学习、实践的方法和榜样，也给了他们向疾病挑战的勇气和激情。

林巧稚白天在病房忙了一天，晚上要和同学们排练新年晚会的节目，饭也没顾上好好吃。到这会儿，她有些饿了。

她轻捷地跑出教室。出校门不远，就是王府井路口，她想去买烤白薯。

林巧稚爱吃烤白薯，她喜欢北京的这种小吃，远胜过北京的其他吃食。平时晚上看书饿了，她就常常出来买烤白薯吃。

寒风迎面扑来，寒冷而新鲜的空气让肺部有些不适应。

手绢里包着的烤白薯散发着温暖。想到一会儿同学们争着吃的情形，林巧稚加快了脚步。

每年的圣诞节和新年，协和医学院都要举办晚会。林巧稚他们这届学生该毕业了，这个新年对他们来说格外不同寻常。

高大的枞树上挂满了彩带和饰物，灯光如同亮晶晶的星星，把典雅的协和礼堂映照得玲珑剔透。

在协和医学院的新年联欢会上，林巧稚（左五）与同学们一起表演独幕话剧《哑妻》

夜幕早早地落下，远处传来燃放爆竹的噼啪声。快乐的年轻人台前台后地忙碌着，幕布后面，不时响起调试乐器的声音。

晚会在一年级新生的夏威夷吉他合奏曲中开始。

礼堂里座无虚席，跳跃的乐曲一如新年轻松欢乐的气氛。

注册处的美籍教师福美龄弹得一手好钢琴，她身穿天鹅绒的曳地长裙，金色的头发高高绾起。她为一位同学的小提琴独奏伴奏，赢得了满堂的掌声。

毕业班演出的独幕话剧《哑妻》，让欢乐的气氛达到了高潮。全场爆发出一阵又一阵的笑声。全班有9位同学在剧中扮演了角色，林巧稚在剧中饰演哑妻。他们按照18世纪法国人的装束设计了演出服，还辗转借来了男人的假发。夸张的剧情和诙谐的表演让人们乐不可支。林巧稚他们从台上看到，那些平时不苟言笑的教授们一个个笑得前仰后合，有的竟笑得掏出手绢擦拭眼泪……

1929年6月12日，林巧稚毕业了。

初夏的北京，阳光明丽，协和医学院小礼堂里，毕业典礼正在进行。

博士服大概是按美国人的身材定做的，林巧稚和她的同学穿在身上显得过于宽大。

身穿博士服，头戴博士帽，16名毕业生从院长手中接过了协和医学院的毕业证书和美国纽约州立大学的博士学位证书。

林巧稚获得了这一届毕业生的最高荣誉——"文海奖"。

文海，是早年协和医学堂的一位外籍教会医生。他捐出了自己的全部财产，作为对协和医学院毕业生中成绩最优秀者的奖励。学校把他住过的楼命名为"文海楼"，把这笔奖学金命名为"文海奖学金"。

"文海奖"每届毕业生只授予一人。

在讨论"文海奖"的时候，校委会曾有过小小的争执。这届毕业生共16人，本科5年成绩统计结果，林巧稚比另一位男同学高出1.5分。

有人说，"文海奖"不仅是很高的荣誉，还有很高的物质奖励。400元的奖学金，相当于一个助理住院医生一年的工资。他认为，从协和的长远发展计，男学生今后对协和的贡献必定超过女学生。再说，他们两个人的分数相差不多，所以，这届"文海奖"最好同时奖给两个人。

学校一位兼管宗教事务的先生发表了自己的意见。他说，林巧稚几年来

1929年林巧稚毕业于北京协和医学院，获医学博士学位。图为林巧稚的毕业证书和毕业照

为公益活动尽了许多义务。她为人热诚、有爱心，这是做医生最可贵的品行，更何况她学习还很突出。所以，林巧稚获得"文海奖"当之无愧。

这位先生的话得到了多数人的赞同。最终，医学院决定将"文海奖"授予林巧稚。

台下"哗哗"的掌声如同"哗哗"的海浪，林巧稚在掌声中接受了校长的祝福，也接过了"文海奖"的证书和支票。

8年的寒来暑往，8年的朝晖夕阴。林巧稚这一届同学入学时25人，毕业时16人。16人中有9人是后来的转学插班生。

优秀人才集中的地方，容易出现杰出的人才。

林巧稚的同学，基本功过硬，成绩骄人。在以后的岁月里，他们在不同的地方，成为各领域的专家和权威。

林巧稚留在协和任职。

这一届留在协和的还有钟惠澜、施锡恩等人。

林巧稚的两个同学被南京中央卫生部调走。一个是张先林，做了陈诚的保健医生；一个是顾致德，做了蒋介石的保健医生。

能够让生命顺势生长，这是一种智慧，更是一种运气。至于前途和道路，其实就是一个人不受功利驱使的最真实的意愿和渴望。

这意愿和渴望能将他送到他能到达的最远的地方。

林巧稚（右二）与同学毕业时留影

四、孕育与疼痛

> 兹聘请林巧稚女士任协和医院妇产科助理住院医师。聘期一年，月薪50元。聘任期间凡因结婚、怀孕、生育者，作自动解除聘约论。

正是杨花飞絮的时节，林巧稚接过了协和医院的聘书。聘书的条件苛刻——留在协和从医，就意味着要放弃婚姻和家庭。而且，这一契约只限制女性。据说，国外的教会医院，也有相同的契约。

林巧稚在选择职业的时候，其实也选择了自己的命运。

林巧稚没有犹豫，她接受了妇产科主任马士敦亲笔签名的聘书，成了妇产科的助理住院医生。

当然，只要林巧稚离开协和，不合理的规定就不再成为约束。以她的学历和成绩，无论去哪里都会成为最受欢迎的医生。但是，林巧稚还是愿意留在协和，这里有一流的医疗设备和工作条件，有她熟悉的生活环境。这里不看重别的东西，只承认实力，能够在这里工作，本身就是对自身能力的承认。

内科、外科、妇产科，被称为协和的三大科。妇产科主任马士敦是英国人，早年曾在福建永春县的教会医院任职，会说不太地道的闽南话。他因为早年的经历，对福建籍的学生就多了一份亲切感。

林巧稚在妇产科实习时，马士敦主任就注意到了这个黑皮肤、大眼睛的福建姑娘。以他多年行医的经验，他相信，自己看到了一个好医生。林巧稚的工作耐心细致，心地善良纯真，对待病人温和而周到——即使这一切仅仅出于教养，也足以使人信任和感动。

在讨论这一届学生的分配时，他一再对校务委员会强调，来医院看妇产科的中国女人，更喜欢中国的女医生。他的理由不仅说服了校委会的成员，也说服了林巧稚。当时，医院里的其他科室，也希望林巧稚能去他们那里工作。

妇产科在 K 楼。K 楼的地下室是住院处、急诊室和药房。一楼是妇儿门诊部、社会服务部和病案室。妇科病房在二楼，产科和儿科病房在三楼。林巧稚在这里见习、实习过，所以对这里的一切并不陌生。

林巧稚领到了自己的白大褂。住院医生的白大褂要短些，与高年资医生区别了开来。

住院医生制，起源于柏林大学医学院。后来由霍普金斯医学院开始，在美国推行。协和医学院开办后，继承和沿袭了这一制度。

所谓住院医生，就是要每天 24 小时驻守在医院。经过 3 至 5 年的临床实践后，由高年资医生对住院医生的工作进行评定，决定其升任或解聘，再从中挑选出一名总住院医生。然后，由总住院医生再升任主治医生、主任医生。

这是一种严格培养选拔临床医生的制度，而且被实践证明是行之有效的制度，人们称之为"宝塔尖"制度。

中国西医妇产科的历史并不长。

一直到 19 世纪末，中国还没有专门的妇产科。妇产科的手术通常由外科医生兼做。那时候的女病人，无论患了多么严重的妇女病，宁可在痛苦中死去，也不愿做妇科检查。

1911 年，英国医生波尔特在福建省福清县（今福清市）建起了中国第一个产科病房。

这以后，随着外科手术、麻醉技术及各种药物的进步和发明，妇产科疾病的诊治也有了进步。妇女的疾病也有了专门的医生。

林巧稚在妇产科实习的时候，明显感受到女医生在妇产科特别受病人欢迎。

一般人看病，都愿意找年纪大有经验的医生，可在林巧稚的诊室前，总排着许多候诊的病人。尽管她才初出茅庐，患者还是情愿等着她检查。这仅仅因为，她是这里唯一的女医生。

她完全理解患者的心情。她曾想过，假如自己不学医，恐怕也很难接受由男医生做身体检查。当年母亲的病就是这样耽误的——由开始时一般的妇科顽疾，拖到后来成了不治之症。

在妇科，林巧稚惊异于那么多女人患有妇科疾病。

这些疾病因难以启齿，使女人们的身心备受折磨。

阴道霉菌性炎症并不是难治的妇科病症，而有的女人因为长时间得不到医治，下身的灼热感和刺痒感让她们坐卧不宁。尿痛、尿频、性交痛更让她们痛不欲生。在感染的早期，她们没有得到及时的治疗，待来到医院就诊时，常常已经发生了溃疡和糜烂。腹股沟淋巴结肿大，使她们行走困难，以致失去了正常的生活。

还有这样的女人，穿着裘皮大衣，挎着名贵的手袋，身边还跟着随身伺候的老妈子。可妇科检查却发现，已经是梅毒Ⅱ期。询问病史时，女人一扫进门时的沉默倨傲，连声诉说自己那"挨千刀的"男人出入八大胡同染了脏病。

林巧稚难忘她们眼睛里的凄楚和绝望。这样的生活，纵然是锦衣玉食、穿金戴银，其难言的苦楚，又与何人说？

最让林巧稚心痛的，是一个21岁的年轻女人。

她白净文秀，一副学生模样。丈夫在一所师范学校教书，夫妻感情很好，林巧稚平时很少看到这样疼爱妻子的中国男人。

她半年前怀孕，不小心流产，后来一直有不规则的阴道出血。检查子宫大而软、流产后没有如期恢复形状。妊娠试验呈阳性反应。各种检查结果出来了，确诊为绒毛膜癌。她的胸部X光拍片，已经可以看到转移到肺部的球形阴影。

当时，绒毛膜癌没有别的施治方法，想要延缓患者的生命，必须尽快手术。

可是，年轻女人不关心自己的病痛。她流着眼泪恳求巧稚，让她在死前为丈夫生一个孩子。她说，只要能为丈夫留下一个孩子，她就不枉为一世女人。

林巧稚为这年轻女子心痛不已。诊断出了病症，却没有有效的治疗手段和方法，还有什么比这样的现实更让一个医生难过！

和妇科相比，产科则多了一份迎接新生命的劳累和喜悦。

产房是一个最难预测和把握的地方。产妇的情况千差万别，有的女人还没等送进产房，小生命已经迫不及待地出世。有的女人吃尽千辛万苦，临盆时还百般艰难。

林巧稚守候在产妇身旁，双手捧起刚刚离开母腹的新生儿。她用柔软的消毒纱布擦拭着湿漉漉的小小身子，听着新生儿的第一声啼哭，感受着生命的奇迹，心里涌动着对这一奇迹无尽的敬畏和虔诚。

每个产妇的体质不同，产程不同，她们在临产时会有不同的反应。能否做到对症施治、助产，就是检验妇产科医生水平的关键。

林巧稚永远不会忘记，她做助理住院医生后不久发生的一件事情。

一位初产妇诉说下腹胀痛，想排尿，却排不出来。林巧稚查阅了她的产程记录，一切正常。于是，又为她做了化验，结果也未见异样。她想不出产妇腹痛缘何而起，只好向马士敦主任报告。

马士敦为产妇做了检查，问林巧稚："给她导尿了吗？"

林巧稚回答："没有。"

马士敦皱着眉头只说了两个字："导尿！"

待林巧稚操作完毕，马士敦回到病床前问产妇："肚子还痛吗？"产妇说："不痛了。"他又问："还有什么不舒服的感觉吗？"产妇摇了摇头。马士敦一句话不说，只看了林巧稚一眼，转身离去。

林巧稚站在病床前，羞愧得抬不起头来。学了那么多产科的理论和知识，遇到问题总往复杂处想，恰恰忘记了，产妇在生产过程中，会阴部受损，有时就产生了尿潴留现象。

自责使她更加注重临床的实践和积累，注意观察每一个病人，每一例病痛。

大雪下了一天一夜，还没有停下来的迹象。

搅天风雪，寒气袭人。病房的窗户玻璃上结着一层厚厚的霜花，如镂刻冰雕般坚实而美丽。

林巧稚整天待在病房。病房里很暖和，病房的事情也很多。她忘记了外面的天气，自己的生日也是过去了才想起来。

这天是平安夜，几位外国医生下午早早离开了医院。他们要赶着去参加一个圣诞 Party。

留在病房的医生只有林巧稚。

她又一次去病房查视。

一等和二等病房里很安静，病人已经休息。

林巧稚来到三等病房。夜晚的病房光线柔和，静谧安宁。

几个正在恢复期的病人倚靠在病床上，轻声地聊着什么。

207 床病人的体温 38.3°，属于术后低热。

209 床病人麻药的有效时间刚过，发出了一阵阵呻吟。

林巧稚观察着她们的情况，回应着她们的问候，向她们交代了要注意的事情。一切还算正常，她回到了值班室。

上午，有两个病人出院，她要赶紧完成出院小结，病案室明天就会来收集。

出院小结、门诊病历、住院病历、各种检查化验结果等全部病人的资料要装订成册，交病案室保管。

下午，妇产科病房新入院 3 个病人。林巧稚核对了实习医生的化验结果，修正了他们所写的病历。

待忙完这些事情，已是深夜时分。

林巧稚打算回宿舍去睡一会儿。

住院医生的宿舍就在医院内，宿舍里有直通病房的电话。协和规定，住院医生不能离开医院。如果离开，要事先请假，在值班室登记离开的时间，返回时再签名销假。

还没走出病房楼，林巧稚突然看到走廊里的灯箱亮了。灯箱打出了"067"的号码，这是林巧稚的灯号。协和的每个住院医生都有一个灯号，灯箱装在医院的各个地方，一旦有急事，就会亮起灯号，通知住院医生紧急到岗。

原来，急诊室接收了一位产科急症患者，病人已转送产科，需立即救治。

林巧稚赶到病房时，病人已处于半昏迷状态。

陪伴病人的是她的丈夫。这是个枯瘦的中年人，脸颊下陷，嘴唇乌青，面色蜡黄，像是个鸦片吸食者。落在他头发上的雪化了，一绺绺地贴在他的前额。他看上去怯懦而惊惶。

从他断断续续的述说中，林巧稚了解到：病人 23 岁，结婚两年，初次怀孕，孕期 3 个月。今天晚饭后开始说恶心，后来数次上厕所，突然说腹部剧痛，接着就不行了。开始送到一家小医院，那里说治不了，这才往协和赶。

林巧稚迅速为患者做了检查，患者有明显的移动性疼痛及触痛。她的脉细快，面色苍白，皮肤湿冷，体温正常，血压下降，阴道有出血。

一切症状均表明，患者为输卵管或卵巢妊娠，也就是通常所说的宫外孕。

就像一颗种子撒落在不宜生长的地方，受精卵未进入子宫，停留在输卵管、卵巢或者腹腔，就开始了发育，这种非正常的受孕叫作宫外孕。随着胎儿的发育生长，宫外孕的部位一旦破裂，就会导致大出血，随时可能危及生命。

林巧稚没有片刻犹疑，她一边通知立刻准备手术，一边拨打电话。可是，找不到马士敦主任，也找不到其他医生。

林巧稚心揪得一阵比一阵紧。她不敢有片刻迟延，继续拨打电话。终于找到了马士敦。电话里的声音很嘈杂，隐隐还有音乐的声音。听了林巧稚的报告，马士敦在电话里迟疑了。他说："抱歉，非常抱歉，这里离医院很远。"

林巧稚急得声音都有些嘶哑，她又一次说到病人危急的病情。电话那边沉默了一会儿说："外面雪很大，路很不好走。即使现在赶回去，也需要很长时间。请你负责处理吧，可以让病人转别的医院。"

电话断了。

林巧稚就在这一刻冷静了下来。

是啊，外面雪大，路不好走。病人也是好不容易才来到这里。这样大风雪的深夜，再让他们去哪里呢？而且，病人的情况已经不容耽搁。一个女人生命垂危，自己眼下能做的就是全力去抢救。

她通知立刻手术。

一边消毒，她一边想着手术的步骤。她想到了手术中可能出现的各种情况，甚至想到了手术后可能出现的并发症，可她唯独没有想，万一手术不成功，她将会承担怎样的责任？

她走上了手术台，没有丝毫犹疑和畏惧。

无影灯下，麻醉中的病人的脸像蜡一样惨白，对周围的一切没有反应。

林巧稚站在手术台旁，全世界都消失了，她的眼睛里、脑子里只有这位待手术的病人。

锋利的手术刀从脐下竖着划开，悄无声息地划开了表皮、脂肪、肌肉、腹膜……，本应是粉红色透明的腹膜，因为积血，已经变成了紫红色。

从打开的腹腔可以清楚地看到，这是一例典型的输卵管妊娠。患者左侧的输卵管已经破裂。

林巧稚结扎好血管，利落地切除了破裂的输卵管。她向助手投去询问的眼神，助手会意地点点头，示意已做好了一切准备。

手术刀轻轻地在紫红色的腹膜上划了个小口，腹膜下的积血汩汩流出。

清创、整理、缝合、包扎、给失血的患者输血。

手术进行得有条不紊。

血压回升，体温回升，脉搏逐渐恢复正常，生命体征又重新回到濒临死亡的年轻女人身上。

病人被送回观察室时，天已近黎明。

林巧稚脱下手术服，去掉紧贴着肌肤的手套，轻轻摘除了口罩，深深地呼出一口长气。

在此之前，她作为助手虽然参加过多次手术，却还没有资格独立完成一例像样的手术。

走出手术室，她脑子里像放电影一样一一回放着手术的每一个环节。

应该说，手术过程很圆满，没有任何差错。但是，她仍然放不下心来，病人的情况还要密切观察，只有病人恢复正常，才能说手术成功。

在当时的中国，抗生素还没有应用于临床，国内从 1945 年以后才开始使用青霉素。说一位病人需要手术，意味着他将在生死关头走一趟。一次外科手术的任何疏忽、不慎，或者病人的身体产生明显不良反应，都会导致致命的后果。

回到医生值班室，林巧稚为自己沏了一杯热咖啡，开始书写手术记录。

患者很快会从麻醉中醒来，她要在这里守护着病人。

林巧稚的一生，留下了无数次成功的重大手术记录。这例宫外孕手术，在她的医生职业生涯中，却有着非同寻常的意义。

作为一个下级医生，林巧稚的这次"僭越"，承担着巨大的风险。假如手术出现不测，就意味着她的职业生涯也许从此中断。也许，在很长时间里，她将走不出失败的阴影。

医学实践是不可重复的实践，特别是当它关系到一个人生死存亡的时候。

从这一特性来说，医学很残酷，医学又很温情。

淡淡的晨曦透进窗帘，患者慢慢睁开了眼睛。腹部敷有纱布的地方隐隐作痛，但这疼痛她已经能够忍受。

她看见了守候在身边的林巧稚："谢谢大夫……"她呻吟般的话语发自内心。

这一时刻，林巧稚的心中充溢着幸福和满足。

患者术后恢复良好，没有出现并发症。

林巧稚的第一例手术圆满成功。

应该说，林巧稚的成功并不是凭借幸运。

在她拿起手术刀的那一时刻，手术刀就连带着她生命的体温，其中有她对"治病救人"使命的理解，还有对多年学习的医术毫不含糊的自信。

在以后的岁月里，每到危急时刻，林巧稚出于性格，也出于责任，仍像她主刀的第一次手术一样，有过多次挺身而出的担当。

在协和医院 F 楼二楼的女住院医生宿舍，林巧稚沉沉睡去。

一觉醒来，已是第二天上午 9 点钟。不透光的窗帘严严实实地拉着，屋里的光线十分幽暗，让人有天时尚早的错觉。

这一夜，没有电话，楼层的工友也没有像平时那样准时敲门。

一定是马士敦主任向他们做了交代，林巧稚感激地想。

闭着眼睛，她惬意地享受着难得的安适。刚刚浆洗过的洁白床单被罩散发着洁净的气息，换洗的衣服放在床头柜上，已洗熨得平平整整。

早餐的时间已经过了，但餐厅里上午 10 点还有加餐。加餐是牛奶、可可，饼干、点心。林巧稚喜欢喝大米粥，配着卤煮的茶鸡蛋和六必居的酱菜。

住院医生和夜班护士的餐饮由医院供应。早餐保证两个鸡蛋。煎、炒、煮全随个人的喜好。午餐晚餐四菜一汤，两荤两素的菜式，都由营养师配制。下午 4 点有下午茶，除了咖啡、牛奶、糕点外，还有水果和冰激凌。

尽管院方注意加强饮食营养，紧张忙碌和睡眠不足还是让医护人员食欲不振。

整年足不出户，晨昏颠倒地守着医院，住院医生们大多气色不佳。洁白的大褂、洁白的病房，愈益衬出住院医生脸色的苍白。这脸色成了协和的标志，大家互相调侃，戏称之为"协和脸"。

可能得益于从小喜欢运动，林巧稚虽然看上去苗条纤细，却有着惊人的耐力。一天下来，无论多么劳累，只要一觉醒来，她立刻又抖擞起精神。

任助理医生一年后，林巧稚升任为住院医生。

住院医生有了600元的年薪。林巧稚除了留下自己的生活所需，她每月将工资一部分寄回老家，一部分资助侄儿侄女们读书。

从做实习医生那年起，她每月有了15元钱的补助，就很少再要大哥的经济帮助。

这时期，当年为了她停学的大侄儿林嘉通已考上了燕京大学的研究生，两个侄女瑜铿、懿铿也先后在燕京大学上学。林巧稚承担起了这些孩子上学的费用。

林家的后代在选择自己的学业和前程时，没有选择舒适温暖的南方，也没有选择早年开埠的沿海，他们一个接一个地来到了北京，来到他们的三姑身边。

1931年，是林巧稚的而立之年。这一年，她升任协和医院妇产科的总住院医生。同时，她还被聘为协和医学院妇产科学系的助教。

在协和，林巧稚是第一位担任总住院医生的女性，也是当时妇产科职位最高的中国医生。

总住院医生被称为"住院总"。妇产科主任马士敦满意地看到，林巧稚是个能干的"住院总"。

"住院总"负责管理全部住院病人和住院医生。当主治医生和主任医生不在科里时，全科临床上的一切事务，都由"住院总"操持。

病人有了问题，住院医生要先找"住院总"。如果"住院总"解决不了，才能去找主治医生或主任医生。

协和医院的妇科病房在二楼，产科病房在三楼。"住院总"统管所有的病人，事情的头绪特别多。

每天早上8点，马士敦主任来到办公室，林巧稚早已到了这里。

她要向主任报告昨天夜里病房的事务：术后病人的状况，待产妇现在的情形，已分娩的产妇和婴儿种种……接下来，是当天工作的安排：上午要做的手术，各床病人不同的治疗方案，住院医生、实习医生的分工……

林巧稚说话和做事一样，快捷利索，从不拖泥带水。待把这些事情安排停当，也就到了查房的时候。

林巧稚跟着马士敦，从二楼到三楼，出入一间间病房查看病人。

刚做完晨间护理的病房干净、整洁。窗户半开，空气清新，床单被子铺展得平平顺顺，病床下面的轱辘全都朝向里侧。床头柜上的杂物已收拾归置妥当，病人安静地躺在床上。

无论是妇科还是产科，林巧稚对每个病人的情况都很熟悉。从不用翻看病历，马士敦提出的问题，她都回答得清清楚楚。这使得繁杂的医务工作有了秩序和节奏感，也使得上下级医生之间配合得和谐、默契。

每当这时，马士敦就禁不住庆幸自己当初在院务会上据理力争，把林巧稚要到了妇产科。

每天晚上 8 点，马士敦主任下班后，林巧稚还要打电话向他报告病人的情况。妇产科一般的特点是，白天妇科的病人多一些，夜里来的多是产妇和产科急症。

一次，林巧稚去参加一位同学的婚宴，在外面给马士敦打电话报告工作。马士敦不知怎么听出了林巧稚不在医院，在电话里连连追问。其实，对林巧稚来说，这是少之又少的例外。

"仕院总"林巧稚在医院有一间自己的宿舍，宿舍床头的电话直通病房。夜里无论什么时候，只要病房有事，床头的电话就会响起。需要时，她会立刻赶到病房，如无须到场，她就在电话里向值班医生交代各种事情。

夜深沉，窗外不知什么地方传来"唧唧"的虫鸣。

林巧稚已经习惯了这种紧张的生活。

经历，是人生最好的老师。临床实践的经历，是医生最好的老师。

日复一日面对不同的患者，与各种疾病短兵相接，临床医生练就了冷静清晰的头脑和快速分析处理病情的能力。

在协和，凡是有过"住院总"经历的医生，后来无一不是各专业的佼佼者。

日后，每当人们钦敬地谈到他们骄人的医术，他们无不百感交集地怀想起当年的经历。

生命中的许多奥秘，也许人们永远也无法破译。

浩浩长江，每年春夏之交，成群的白鳍豚逆流而上，季节性洄游到长江上游。它们万里洄游，只为完成传宗接代的使命——到上游去产卵。

那是惊心动魄的生命历程。

水域中有无数激流险滩，水面下有大轮船森森然奔突而至的螺旋桨，还有巍峨高耸不可逾越的冰冷大坝……美丽的、有着流线型身躯的白鳍豚成群结队地一去不回，葬身江底。

它们年复一年地洄游万里，不惜以种族灭绝为代价，只为了回到上游那片洁净的、适宜它们后代出生的水域。

星光照耀下的墨西哥海湾，瑰丽而神秘。

成千上万只海龟浮出海面，爬上海滩。

它们用柔软的鳍在沙滩上挖掘，掘出一个个洞穴，然后，产下一枚枚温润晶莹的卵埋在沙穴中。当南美洲的朝阳映红海面，温热的阳光将帮助它们完成孵化小海龟的过程。

循着它们出海产卵的踪迹，凶险的捕龟者也潜伏在海边等待杀龟取卵。

每年到了海龟的繁殖季节，宁静的墨西哥海湾就开始了血腥的猎杀。

离开大海就失去自由行动能力的海龟，年复一年被人类掠夺和杀戮。它们的生殖季节，成为它们的死亡季节。

从一个受精卵到一个新生儿的诞生，十月怀胎孕育出的小生命，在母腹中完成了人类几十万年的进化历程。

新生儿的出生，往往以母亲撕裂般的疼痛为标志。这是否是人类远古记忆的苏醒？

亿万年前，我们这个在大爆炸中炽热燃烧的星球逐渐冷却。亘古时期的黑暗中，亿万浮游水面的单细胞，是否由一道撕裂混沌的雷电赋予了生命？

婴儿即将诞生，母亲的阵痛，如涨潮的海浪，一阵接一阵地扑打着生命之门。

产科的医生和护士，是世界上最温柔的守夜人。

待产的女人躺在产床上，汗水濡湿了额发，脸涨得通红，光洁的皮肤变得粗糙，脸庞有些轻微的浮肿。

一位初产妇，刚刚开始她的第一产程。

她羊水破了，子宫肌肉的收缩间隔时间逐渐加快。

林巧稚又为她检查了一遍身体。

她体温正常，血压脉搏稳定，胎儿心率平稳。

林巧稚俯下身子，轻声告诉有些紧张惶恐的产妇，宫口已开了3指，还不到分娩的时候。只有宫口开到5指，胎儿才能进入产道。这时候要调节好情绪，在阵痛之间注意休息。从第一次阵痛到婴儿出生，初产妇因身体条件的不同，少的需两三个小时，多的要一天以上的时间。初为人母的女人，因为没有经验，往往因激动不安而耗尽气力，到临盆时已经精疲力竭。

宫缩一阵紧似一阵，这时候，产妇的反应并不完全相同。

她们有的感到腰部酸痛、腿部肌肉发抖，她们有的恶心呕吐、呼吸沉重，她们共同的感受是烦躁不安、疼痛难忍。她们委屈、愤怒，有人发泄般地指斥丈夫，有人母兽般地呻吟、叫喊。

林巧稚理解临产的女人。据国外科学研究，有人把肉体的疼痛分为12级。最低级别的疼痛是被蚊虫叮咬的疼痛，最高级别的痛苦，也就是第12级疼痛，是女人分娩的疼痛。

在这一时刻，生活中的一切都变得十分遥远，自己的身体显得异常陌生。赤裸裸的疼痛让人尊严全无，女人在这时的叫喊和愤怒，是源于无助和恐惧。

人类生活的进步，伴随着各种科技发明。现代化进程改变了人们的生活形态，使人类自以为是自然的主人。可是，当一个婴儿诞生的时候，一切都返回到人类的初始阶段，呈现出动物的、原始的自然本能。

林巧稚告诉实习医生，产妇不是病人，但产妇是需要帮助的人。

每当这时候，林巧稚总是提醒产妇，尽可能在宫缩间歇完全放松。她教女人变腹部的深呼吸为胸腔的快速呼吸，帮她们按摩腿部和肩部缓解疼痛。

宫缩越来越强烈，产道被挤迫得极度难受。生命之门打开了，产妇进入了第二产程。

急遽的宫缩却没有先前那样疼痛。产妇的身体坠坠地下沉，意识却轻飘飘地飞升在半空中。这时候，已经不是意志的驱使，而是生命本能的拼争。

林巧稚指导和鼓励女人做最后的努力，婴儿头顶黑茸茸的毛发已清晰可见。

婴儿的头出来了，然后是小小的肩膀和身体。

产妇浑身战栗，死死拽着产床两旁的扶手。剧烈挣扎后，是潮水卷过般的巨大轻松和空洞。 .

洁白的消毒纱布捧起了红彤彤的一团血肉。

这时医生最为忙碌。助产的过程不能有半点差池，生产的每个步骤都要倍加小心。

半透明的脐带还连接着婴儿和母体，待脐带中的血排尽后才能剪断。擦拭净婴儿身上的血污，产房里响起新生儿急促的啼哭。婴儿哭喊着来到世上，那是一个全新的生命。

胎盘的产出是第三产程。这一产程需要 5 分钟至 30 分钟。

医生要仔细检查胎盘，查看其形态是否完整。产妇的身体里不能残留一点胎盘碎片，否则将给生育后的母亲造成严重伤害。

无边的疲乏和幸福感携裹了产妇。

分娩后的产妇，柔弱得像一朵改变形态的云，安详得如暴风雨后的天空。

她的身体还在流血，新生婴儿是绽放在母亲血液中的花朵。

生命诞生的过程，随时有种种难以预料的事情发生。

那是个深秋的黄昏，一位产妇胎盘滞留，出血不止，被转送到了协和产科。

林巧稚配合主治医生迈尔斯给她做了检查。患者已分娩 3 个多小时，胎盘迟迟不能娩出。长时间出血导致她手脚冰冷，脉搏细微而快速。她子宫明显收缩乏力，间歇有血液从身体下面涌出。血液呈暗红色，不时可见块状的凝血。

这样的情况，如果不能有效施治，产妇会因大出血导致死亡。

迈尔斯在产妇腹部小心地按、压，各种努力均告无效。他摊开一双大手，宽大的脑门上沁出一层汗珠。

林巧稚轻声对迈尔斯说："我来试试。"

迈尔斯点头应允。

只见林巧稚左手轻压产妇的下腹，右手轻柔地进入了产妇的宫腔。不到半分钟，滞留的胎盘被剥离了出来。

她把浸透鲜血的紫红色胎盘平平地铺在托盘里，一处处细细查看。胎膜完整，胎盘小叶无缺损，边缘血管无断裂。她长舒了一口气，抬起头来，看到了迈尔斯赞许的目光。

产妇脱离了危险，一切处理完毕。林巧稚和迈尔斯回到医生值班室。

这位产妇骨盆狭窄，因生产时间过长，子宫收缩乏力导致胎盘滞留。迈尔斯和林巧稚讨论起来，在转送协和之前，先前为产妇接生的那家医院，是否采用剖腹产更为合适。

待产女人的身体条件各不相同，如果产妇的产程出现异常，像宫口迟迟不能开全，胎儿出现宫内窘迫，医生就要考虑为产妇做剖腹产手术。

传说在公元前 100 年，古罗马的凯撒大帝就是以剖腹产的方式出生的。所以，西方曾把剖腹产称为"帝王切开术"。当然，以那时的医疗条件，这样的手术是以产妇死亡为代价的。

美国产科医生流行这样一句话："一次使用剖腹产，再次使用剖腹产。"说的是接受过剖腹产手术的产妇，如果再次生育，还得再次接受剖腹产手术。因为在分娩的巨大张力下，缝合过的子宫有破裂的危险，那样会引起新生儿窒息、产妇膀胱撕裂甚至死亡的严重后果。

生育孩子，是女人身体的自然机能。林巧稚认为，绝大多数产妇完全有能力自然分娩。她从不轻易为产妇做剖腹产手术，也反对轻易为病人做器官切除手术。

她认为，病人是一个完整的人，医生不能在治病时不顾病人的感受。医生所做的一切，不应该产生这样的效果——仅仅治好了病，而病人却失去了和谐完整的生活。特别在妇产科，手术更应该慎之又慎。

她对迈尔斯表述了自己的观点。

1932 年的 7 月，林巧稚任总住院医生一年整。医学院派她到英国曼彻斯特医学院和伦敦妇产科医院进修。

马士敦给林巧稚写好了几封推荐信，郑重地签上了自己的名字。林巧稚将这些信装进了手提袋，又继续收拾着自己的抽屉。她很快要到英国去，然后再从英国到维也纳，马上就会有新的"住院总"来接替她的位置。

她忙着清理桌子，把平时自己使用的一些东西腾空。

马士敦漫不经心地翻着一沓英文报纸，看到有趣的消息，他就会读出声来让大家听。正是午间休息时分，医生们有人看报，有人小声聊着天。

美国医生感兴趣的是他们国家的大选。这一年，罗斯福有望击败上届总统胡佛，当选为第32届美国总统。

在协和，凡是服务满一定年限的医生，都有出国进修的机会。英国，是林巧稚小时候常听父亲提起的地方，也是卡琳老师的故乡。她在鼓浪屿读书的时候，曾无数次地幻想能去英国求学。

当她到英国时，正是全球性的经济危机席卷整个西方世界的时候。英国经济受到了沉重的打击，到处是一派萧条的景象。

少年和青年时代的梦想，多年以后得以实现，已经不是想象中的情形。

在曼彻斯特医学院进修期间，林巧稚参与了医学院产科专家的研究课题——"小儿宫内呼吸"。

医学科学有两个领域：临床医学和基础医学。林巧稚从事的妇产科学，主要从事临床医学工作。

结束了英国的进修，林巧稚按计划赴维也纳综合医院做医学考察。

维也纳综合医院历史悠久，规模庞大，从18世纪起就享誉欧洲。

林巧稚在维也纳刚刚住下，熟悉了一下环境，还没有来得及欣赏多瑙河畔迷人的风光，就发生了一件令她感到不快的事情。

她收到了一封协和医学院的电报。电报内容是要林巧稚考虑改学公共卫生，并考虑回国后到北平第一助产士学校工作。

林巧稚不明白，为什么学院会给她发这样一封电报？仅仅是征求意见呢，还是告知她医院的这个决定？如果院方已经确定此事，为什么马士敦主任在来信中只字未曾提及？

其实，4年前林巧稚毕业时，就曾考虑过从事预防医学，到公共卫生系工作。作为"文海奖"的获得者，她有选择科室的可能。

她也曾想过做一个儿科医生。可实习期间，她经历了病魔夺去幼儿生命的情景。她看到，许多幼儿先天的疾病直接源于母亲，这也使她最后下决心选择妇产科。

林巧稚很快给协和医学院回电，对于院方要她考虑的两件事情，她明确表示"拒绝接受"。她在回电中没有任何虚与委蛇之词。

同时，她还给马士敦主任写信，谈到这件事情并表明了自己的意愿。马士敦当然希望林巧稚能回妇产科工作，在他的斡旋下，这件事不了了之。

与其说林巧稚不愿意改行做"公卫"工作，不如说她不愿意让别人来安排她的命运。这种坚持，几乎贯穿了她的一生。

她曾不止一次对人提起，母亲刚生下她时，看她是个女孩，曾经不打算要她。这件事在林巧稚心中留下了不能抹去的记忆。她从小的懂事、上学时的要强以及成年后宁愿放弃婚姻而选择事业，即使不是完全有意而为之，至少也有证明自我的意识贯穿其中。

秋天到了，欧洲的秋天处处如同油画般色彩丰富而凝重。林巧稚结束了一年的国外进修，经香港转道厦门，在鼓浪屿稍驻后，回到了协和医学院妇产科。

五、医者的使命

新年伴着一场大雪到来。

街道上行人稀少，大地、房屋、树木上覆盖了厚厚的积雪，灰秃秃的城市一夜间变得洁净、清新。

林巧稚最爱北京下雪的日子。来北京前，她从未见过雪。如今定居在北方，漫天飞舞的雪花总能带给她孩子般的惊奇和喜悦。

1935 年，林巧稚在灯市口附近的迺兹府租了个小跨院。

寡居多年的大姐以前一直随大哥一家生活，如今巧稚把她接到北京，和自己住在一起。

这一年，她被协和医学院聘为妇产科系的讲师、妇产科主治医生。

大侄儿林嘉通也在北京定居下来。他在燕京大学求学期间获得了"金钥匙"奖，毕业后留在燕京大学工作。司徒雷登校长十分欣赏他的才学和人品。

嘉通的两个妹妹瑜铿和懿铿也都从燕京大学英语系毕业，她们姐妹双双在贝满女中教外语。懿铿的男朋友周华康从燕京大学医预科毕业后，考入了协和医学院。

每到星期天，嘉通的两个妹妹就会来看望三姑，这里是他们在北京的家。

出入这个家的常客，还有一位来自福建的姑娘白和懿。白和懿是巧稚协和同班同学白施恩的妹妹。她白净、圆圆的脸上，戴一副圆眼镜，是个性格活泼开朗、爱说爱笑的姑娘。她是燕京大学家政系的学生，正在协和医院的营养室实习。

巧稚的大姐炖好了鸡汤。砂锅煨在厨房的炉子上，桌子上摆着几样家常小菜，鸡汤散发出诱人的香味。

大姐用厦门话大声招呼大家，是吃饭的时候了。招呼完好一会儿了，却没有人回应。她走出屋门，只听见前面院子里传来阵阵笑声。原来，巧稚和年轻的白和懿一起，在院子里堆起了雪人。只见巧稚长长的围巾松松地环在颈间，棉旗袍的下摆沾着星星点点的积雪。她们一边笑着，一边朝冻得通红的双手哈着气。

雪人肥胖的身子，圆圆的脑袋，头戴一顶礼帽，用眉笔画出眼睛、鼻子、嘴巴，嘴上还用唇膏涂了唇彩，一副神气十足的样子。

白和懿与巧稚围着雪人修修补补，笑得开心而忘情。这几年，工作、生活安定了下来，巧稚比前些年胖了点儿。一头浓密的黑发在脑后绾成一个结结实实的发髻，额前没有一丝散发，越发显出高高的前额和润致的脸庞。

大姐曾不止一次地对巧稚念叨，叫她不要只顾工作，耽误了终身大事。巧稚总是笑着把话题岔开，让大姐别为自己操心。

白和懿也随着嘉通他们叫巧稚"三姑"。她有时和巧稚开玩笑，想象巧稚会找个什么样的"姑夫"，巧稚总是由着她玩笑。只有一次，当白和懿很认真地向巧稚问及这个问题时，巧稚才很认真地回答："你想，我要是结了婚，当然要养育孩子，照顾丈夫，操持家务。如果做不好这些事，怎么能称为妻子和母亲？可是，一旦我那样去生活，还能做一个称职的医生吗？"接着，她沉思地说："我是个'蒲儿菲森'（Professional）妇女。"

林巧稚（右一）与朋友们一起堆雪人

"蒲儿菲森（Professional）妇女"，是职业妇女的意思。

职业妇女就一定要放弃婚姻和家庭吗？今天看来，这已经不算是什么问题。可在当时的协和，就是有这样的约定，女人一旦结婚，就意味着要回到家庭中。

叶恭绍是著名的妇幼卫生专家，30 年代毕业于协和。在对往事的回忆中，她曾谈到在协和工作的女性结婚的不易：

> 我 1935 年 7 月毕业，被分配到公共卫生科。这时的科主任是袁贻瑾教授。
>
> 他安排我先到杨崇瑞办的第一助产士学校见习 3 个月。我告诉他，我将在 10 月结婚。他简直不能接受，而且感到失望。他要我去找杨崇瑞谈话，希望杨崇瑞能说服我不结婚。他还告诉我，协和医学院不送已婚女医生出国进修，因为女医生结婚后必定随丈夫去留。协和培养了，又不能用，太不划算。而且女医生生了孩子，就可能不再工作了。他还举了杨崇瑞、林巧稚由于不结婚，事业才取得成功的例子。沈骥英虽然是协和毕业生中的佼佼者，但结婚后生了孩子，工作受到很大影响，就离开了协和。
>
> 他想用这些例子来说服我，但我没有改变计划。我按预定时间，于 1935 年 10 月和黄祯祥大夫结了婚，并继续在公共卫生科工作。直到 1941 年冬珍珠港事件发生，协和被迫关门为止。

做一个放弃婚姻生活的职业妇女，一辈子过独身生活，这绝不是林巧稚的初衷。

没有女人不渴望爱与被爱。

青春少女时代的林巧稚，在她的遐思里，怎能没有对美好爱情的朦胧向往？怎能没有对未来生活的浪漫设想和憧憬？

在林巧稚成年之后的生活中，怎能不为那些幸福爱侣送去诚挚的祝福？怎能不对可爱的婴儿投去流连的注视？

可是，生活中毕竟还有种种命定的安排。

这一年林巧稚已经 34 岁。在当时，34 岁的女人已不再年轻。

长时间的独居，她已经养成了自己的生活习惯，那是一种有所取舍、井然有序的生活习惯。

妇产科的工作永远很忙，她在那里有做不完的事情。家庭的担子也要承担，不容半分懈怠。她每天的活动，大致在医院和廷兹府小四合院之间。从延兹府到医院，走路也就是十来分钟的光景。从病房到产房再到门诊，也不过十几分钟的光景。至于同学、友人和一些亲戚，长时间不走动，也就日益疏淡了往来。在北方待得久了，口味已慢慢被同化，再加上平日里一忙，生活自觉地被压缩得急促而简单。每天的日子被习惯性的忙碌所充实，即使有所思，已无所为，更不用说因无人、无暇而无所思。

年轻时，总以为生命可以等待，及至岁月年复一年地倏忽而过，才恍然意识到，一切未及开始，就已经成为过去。

说到底，每个人的生活都是自己选择的结果。

选择到适合自己的生活，就是最好的生活。

1937 年初，协和医学院聘任林巧稚为妇产科副教授。

一个时代、一个地方人才的出现，往往呈相对集中的态势。良好的人文环境有利于人才的成长，而杰出人才的不断出现，又有助于形成一个地方良好的人文环境。

20 世纪 30 年代，协和医学院已不再是外国专家"一统天下"，一批中国专家成为各科室的业务中坚。

内科有张孝骞、刘士豪、吴朝仁、钟惠澜，外科有刘瑞华、谢元甫、施锡恩、吴英恺，妇产科有林巧稚、林崧，小儿科有储福棠、吴瑞萍，生理科有林可胜、张锡钧，病理科有胡正详，放射科有谢志光……他们阵容整齐，实力强劲，是医学院各专业领域的代表性人物。

20 世纪 30 年代协和医学院的医生（后面站立者中右四为林巧稚）

在这些中国专家中，林巧稚是唯一的女性。

冬天，一个滴水成冰的日子。太阳黄灿灿的，没有一丝暖意，西北风尖利地追逐着行人。人们缩着脖子袖着手，匆匆地溜着墙根儿赶路。

林巧稚正在门诊坐诊，接到第一助产学校附属产院的电话，请她去那里参加一个危重病人的会诊。

这时期林巧稚在北京已有了一定的知名度，常有别的医院请她去参加会诊。城内上层社会的太太、驻北平使领馆的夫人生孩子、看病都愿意上协和，因为这里有她们信赖的林巧稚大夫。

出协和向北，走不多远就是东四牌楼。助产学校附属医院所在的麒麟碑胡同，就在东四牌楼附近。

林巧稚参与会诊的病人叫吴淑明，19 岁，已经怀孕 6 个月。从少年时，她就患上了一种奇怪的病症，总是感到口渴，需要个停地喝水。人很瘦弱，肚子却鼓得老高。怀孕后，她的症候发展得更快。家里给她看过中医，有的说是"脾积"，有的说是"大肚症"。

吴淑明躺在诊室的床上，脸色蜡黄，呼吸急促，腹部高高鼓起。林巧稚给她做了检查，明显感到腹部有积水。她和附属医院的医生交换意见后，对患者家属说："她的病不能再拖了，到协和去吧，确诊后好尽快治。"

她带走了吴淑明的病历。

吴淑明被丈夫用板车拉回家中。全家靠丈夫蹬平板三轮车维生，窝头咸菜尚且吃不饱，怎么敢去协和看病？

正是三九寒冬，风吹得破旧的窗户纸呼嗒呼嗒直响。昏暗的煤油灯下，吴淑明的婆婆一边抹着眼泪鼻涕，一边用旧衣服给儿媳妇改制装殓的衣裳。

做丈夫的闷头坐着，听着吴淑明痛苦的呻吟。半晌，他呼的一声站起来说："豁出去了！上协和！"

吴淑明住进了协和医院妇产科。

从麒麟碑胡同回来，林巧稚就去联系了医院社会服务部的 Social Worker（社会服务工作人员）。

协和医院的社会服务部是一个特殊的医疗服务机构。

"社工人员"白大褂的衣袋上方，绣有"SOS"英文字母，那是英文缩写的"社会救助"。

社会服务部的职责是为有困难的患者提供经济、心理、愈后服务，为医生提供治疗前的社会调查和治疗后的追踪随访。

现代医学理念认为，任何一种疾病，特别是慢性病，大多与心理的、情感的和社会的因素有关。任何一家医院，如果不能提供社会服务，只是设备精良、具有一定的医疗水准，还不能称为第一流的医院。

医院通过"社会救助"，使医院提供的医疗服务具有了道德的、情感的因素。

医生在接诊中，时常遇到因生活贫困无力支付医疗费用的病人。这时，医生可以找"社工人员"，请他们为病人提供帮助。

接下来，"社工人员"根据医生提供的情况，要做社会调查、家庭访问，写出病人社会生活状况的书面报告。然后，社会服务部根据"社工人员"的调查情况，决定对病人的资助方式。这些方式包括：减免或分期偿付医疗费用，或给予衣物、营养资助，或给予路费和殡葬救济。

"社工人员"不仅帮助病人，他们对医生也有直接的帮助。病人入院时，他们对病人生活状况的调查，有利于医生诊断病情；病人愈后出院，他们的定期随访，使医生了解到患者愈后的情形。有时，教学科研需要以前某些患者的配合，医生也会通过"社工人员"请他们来医院做示范或做复查。

这些调查个案和病历装订在一起。协和的病案室完整地保留着这些原始记录。

20世纪30年代，是协和医院社会服务部职能最完备的时代。30多位"社工人员"分布在各个科室，他们中许多是燕京大学社会学系的毕业生。

这时期，协和社会服务部的主任是浦爱德女士。她的父母早年在山东办教会学校，她是出生在山东的美国人。最初，她在麻省医学院社会服务部工作，中华医学会因她出色的业绩，选派她来到协和。她是宋庆龄一生的好朋友，也是林巧稚的好朋友。

当时协和的"社工人员"张中堂，在他写的《社会服务部二十年》这篇文章中，回忆了他当年做社会工作的几则事例。

例一：

我去外科工作的第一天，大夫把一个疝病患者领到我这里来，说病人应该住院，但是无钱付住院费，让我帮助解决。这个病人的住院证上注明是"一般病情"。（住院证上印有"一般的""有兴趣的""严重的""急性的"几种。除了"一般病情"外，其他几种都要及时办理住院。）

这是一个12岁的男孩，在一个杂货小铺刚学徒两个月。他父亲是拉洋车的，母亲是家庭妇女，家里实在无钱付住院费。我问这个男孩，能否请他主人付点住院费，他说不敢去说，怕主人知道他有病就不要他了。

第二天我去病人学徒的小杂货铺，把情况向其主人李某说了，李某说没有钱替他付住院费。经我说情，答应出院后还接受他为学徒。

回来后报告了调查情况，认为可以办理免费住院。

因为病房没有空床，就去找主治医师。得知有一病人可以出院，但是家中无人来看他（因不是探视时间），我就去看那病人，然后又去他家让他太太来接他出院。这样，那学徒病人就住进了医院。后来病人出院后还来复诊，并说他已回去工作了，感谢协和医院给他免费治疗。

例二：

我调到骨科工作后，遇到一个腿骨骨折的病人。他需要上石膏治疗，但付不出钱。这是一个18岁的青年，到处当临时工维生，干活时摔断了腿。因为没有固定的顾主，也根本没人对他负责。家中有父母，父亲是洋车夫，挣的钱只能维持生活。我去他家访问，他家只有一间平房，屋中很黑很脏。

我看到墙上还有臭虫的血迹，心想这病人上了石膏就不能动了，若臭虫爬进石膏里，他也不能伸手拿臭虫。于是，我拿来旧报纸，把屋里的墙壁都给糊洁净了。我还找了块长木板，中间挖了一个洞，并借了两条板凳支起木板，以便他大小便之用。

我又找来4个"三炮台"香烟铁筒，里边放上药水，放在板凳腿处，防止臭虫往上爬。

这样他上了石膏，卧床静养。3个月复查一次，病情逐渐好转，6个月后痊愈，大夫也很满意。

例三：

病人尹仲，男，29岁。病前做过小生意，因患慢性化脓性骨髓炎，两条腿都做了截肢手术。

其母亲 50 岁，给人做保姆，每月工资 3 元，无力供给儿子生活费。

访问了病人的亲戚，希望他们提供帮助，但他们都没有力量。

孟继懋大夫建议，只有给病人安装假肢，使病人能够行走，今后的生活才能自理。

于是我们采取了以下措施：

1. 带病人到本院假肢科请莱门技师查看。查看后说可以做假肢，最便宜的也要 70 元。

2. 找病人母亲的主人张佩泉先生，请他帮助解决假肢的费用。张佩泉是本院的庶务科主任，他很同情病人，愿意付一半费用。

3. 向社会服务部主任报告，主任同意由社会服务部专款支付另一半费用。就这样，给病人安装了假肢，送病人一副拐，并用 1 元 2 角钱给他买了一双鞋。

病人能拄着拐走路后，社会服务部又送他到本院职业治疗处学做编织品，半日工作，开始每月给 1 元酬劳，以后熟练了可得 3 元工资。他本人对自己还能工作甚感愉快。

和其他科室相比，妇产科的"社工人员"要做的事情更为复杂一些。

来妇产科的女人，常常有未婚先孕的产妇和重病在身的孕妇。当时的法律不允许打胎，如因病确需打胎，则要有林巧稚或科主任的证明。那些未婚先孕的产妇生下了婴儿，往往因无人抚养而遭遗弃。

社会服务部下属的怀幼会负责收容、寄养弃婴，联系弃婴的领养事务。

怀幼会收养婴儿的费用，或来自募捐，或来自领养人的捐助。

平时找林巧稚看病的女人，有的永远失去了生育能力。林巧稚了解她们的苦衷，常常通过怀幼会，帮助这些女人一圆做母亲的梦。

重病的产妇吴淑明，得到了社会服务部的帮助。

林巧稚找过"社工人员"后，他们立即去做了社会调查。然后决定，免费为病人手术治疗。

林巧稚主刀为吴淑明手术。

无影灯下，柳叶刀准确地划开了腹腔。

患者的下腹部被一个巨大的囊肿所占据。囊肿直达左肋边缘，孕育着胎儿的子宫被挤到了腹腔的右侧。

手术室里安静极了，林巧稚目光专注地寻找着病源。

子宫虽然被挤压，但看上去形态还算正常。

双侧卵巢和输卵管也都正常，这显然不是卵巢或输卵管囊肿。

再从侧面看过去，这巨大的异物连接着左侧的肾脏，这应该是病源了——原来是肾积水。

林巧稚示意手术台上的助手做好准备。她握着手术刀，轻轻穿刺囊肿，绿色的液体被导流了出来，积液居然有 7 升。

囊肿瘪了下去，覆盖着失去正常形态的左侧肾脏。林巧稚将瘪下去的囊肿切除，又切除掉病变的左肾，然后穿针引线，缝合创口，最后小心地把子宫复位，缝合上伤口。还好，子宫没有受到什么损伤。

吴淑明从麻醉中醒来，觉得身子轻得好像不是自己的。她伸手摸摸肚子，这么长时间压得自己喘不过气来的"大锅"没有了，腹部有点隐隐作痛，纱布包裹着肚子，身上盖着洁白的被子。

一个护士来到她的身边，她的病床上挂着特级护理的牌子。

口罩上的那双眼睛多好看哪！只听护士轻声说："小心，你现在还不能翻身，要不要我帮你稍微动一动？"

一时间，吴淑明不知道说什么才好。她只觉得这里真暖和，真干净，连淡淡的消毒水的气味也好闻。长这么大，从来没有被人这样照顾过，也从来没有人这样和她说话。

病房的门开了，走进来好几个大夫。吴淑明认得前面那个瘦瘦的林大夫，这些日子全是她给自己瞧病。

林巧稚笑微微地问她："身上觉得怎么样啊？"

"一下子轻松了。"吴淑明有点不好意思地说。

"是啊，以后就好啦！"林巧稚说完又问护士："她下身见红没有？"

护士回答说："刚检查过，没有。"

"好。看来胎儿能保住。"林巧稚对那几位大夫说："昨天看见子宫被挤在一边，长时间不能好好发育，真担心胎儿经不住这么大手术的折腾。"

接着，林巧稚又对护士和住院医生交代了一些事情。然后，她轻轻拍拍吴淑明说："好好养病，别的事情不要操心。"

人的身体有令人惊异的自我修复功能。年轻的吴淑明身体恢复得很快。

她快出院的时候，林巧稚又给她做了检查。身体恢复后，胎儿发育得很快。林巧稚一边听着胎心音，一边叮嘱她："两个月以后生孩子，还到这里来，我们给你接生。"

吴淑明只是点头，不知道说什么才好。

丈夫早就告诉她，医院的人前后去家里几次，答应说住院费用全免。只有一个要求，要她以后按期接受医院的随访。那怎么能不答应呢？真是做梦都想不到的事情。最让他们念叨的是，交不起钱的穷人也有好大夫给治病。

两个月的时间很快过去，又到了杨柳吐絮的时节。

吴淑明来到协和产科，她顺利地生下一个女婴。

英国的撒拉纳克湖畔，镌刻着一位不知名医生的铭文：

> 有时　去治愈
> 常常　去帮助
> 总是　去安慰

撒拉纳克湖畔铭文深刻地道出了医学的实质。

无论多么精良的医术，都不能根治所有疾病，如果缺少了对世俗苦难的关注与关怀，就失去了医疗的人性温暖；无论多么先进的医疗器械，如果摒弃了对生命苦难的呵护和慰藉，它只剩下令人畏惧的冰冷；无论医学有多么惊人的发现和进步，永远不变的是对每个个体生命独特性的爱护与尊重。

"有时，去治愈；常常，去帮助；总是，去安慰。"撒拉纳克湖畔，铭刻着医者的使命。

协和医院社会服务部于1952年撤销。

这一年，中国的所有大学，全部撤销了社会学系。

第三章
洁白的颜色

第三章 洁白的颜色

一、母与婴

七月初的北京已经很热了。院子里的杨树蔫巴巴地垂下了叶子，蝉从早到晚不停歇地长鸣。

这些天，林巧稚休假在家，这是协和职工每年一个月的带薪休假。

小院里，蔷薇花的枝条四下里蔓生。林巧稚戴一顶宽檐遮阳帽，熟练地给花儿剪枝。尽管隔着手套，蔷薇枝条上的刺还是很扎手。

林巧稚喜欢花草，这是儿时生活的印痕。鼓浪屿的人家无论贫富，家家的窗台、阳台、房前屋后都种有鲜花。林巧稚在北方生活多年，仍总爱在家栽种鲜花和绿色植物。

太阳升到了头顶，小小的花园已被收拾清爽。

换洗了汗湿的衣服，林巧稚又拿出了针线活儿。她从小喜欢做手工，手工针织和缝纫，让她觉得很自在，

林巧稚正与朋友一起做针线活

很消遣。做惯了针线活儿的双手，手术时也同样灵活自如。

在妇产科工作，常常不能按时下班。有时是等候产妇分娩，有时是手术后观察病情。她常在这些时候做点手工针线。

她买来细白棉布，裁剪成小小的衣衫，然后一针一线地缝成圆领的婴儿服。小衣服做好后，再用彩色丝线在前襟上绣上小小的花朵。这些婴儿服做好后，她都送给了三等病房那些刚做妈妈经济不宽裕的女人。

林巧稚做的婴儿服

只有正常的、平静的生活被摧毁，才知道这样的生活多么可贵。

1937 年 7 月 30 日，日本人占领了北平。

在人类生活里，只有战争、自然灾害和重大疾病，能在瞬间把人置于无法把握的恐惧中。

协和医院的病房一下子空旷了。凡是能行动的病人全都提前出了院。

国难当头，兵荒马乱，谁还在医院躺得住呢？

只有产科依然忙碌，因为孩子的出生挑选不了时间。

协和妇产科主任马士敦这一年聘任到期，他神情黯然地向林巧稚告别："林大夫，我要回英国了，我离开妻子和孩子的时间已经太久了。"

马士敦是协和妇产科的创办人。从 1917 年协和医学堂时期起，他就在妇产科任职。20 年时间过去，协和妇产科的教学、科研、医疗不仅在中国首屈一指，即使在西方，也享有一定的知名度。战争的爆发，让协和前途未卜，他在这样的时刻离去，有些黯然神伤。

他说："林大夫，请记住一个老朋友的话。无论什么时候，我都欢迎你到英国去工作。你会成为任何一家医院的骄傲。"

林巧稚在他的领导下，与他共事近 10 年，他对林巧稚的赞美发自内心。

1937 年 9 月 9 日，是协和医学院开学的日子。

全国所有的铁路、公路和水路，都挤满了军队和逃难的人群。放暑假回家的学生和这一年招收的新生根本无法如期到校，学院决定派专人到各地中

抗战时期的林巧稚

转的车站、码头迎候学生。

学院管理层建议，在协和工作的美国公民，如果愿意听从美国外交部门的劝告，应该考虑在条件许可的时候离开中国。因为战争爆发后的局势，没人能够预料和把握。

时间一天天过去，美籍教职人员没有一个人离开协和。

这一年 10 月底，医学院在册的 110 名学生中，如期到校的人数是 93 人。

北平古老的城墙上，飘动着太阳旗，城墙门口游弋着身背长枪的日本兵，他们用冰冷的刺刀对着和平的、讲究礼仪的北京人。

协和的教学、医务一如既往地进行。医生自有医生的道德，虽然内心也有焦虑和压抑，他们看上去依然矜持而冷峻。

进入 11 月，已经很冷了，街上十分清寂。一阵北风刮过，干枯的树枝发出断裂的声响。

入夜，林巧稚还没有离开病房。K 楼三层的 319 床，住着她的朋友谢冰心。几天前，冰心在这里生下了她的第三个孩子。生产后的冰心恢复良好，巧稚坐在她的身旁，和她轻声聊着天。

冰心认识巧稚很长时间了。20 世纪二、三十年代，协和的社会服务部有许多燕京社会学系的学生。冰心在燕京大学任教，早就从学生那里知道林巧稚的名字。她的 3 个孩子，都是林巧稚接生的。在孩子的出生证上，有巧稚流利的英文签名："Lin Qiaozhi's Baby"（林巧稚的孩子）。

所有林巧稚接生的小生命，都有这样一份出生见证。这充满爱意和温暖的签名，深深地打动了冰心。

产科病房的灯光很柔和，室内的温暖让人忘记了外面的坏天气。

林巧稚和冰心谈到北平的沦陷，谈到国家的前途，谈起幼弱的孩子和个人的命运，两个人的心都紧了，话语也变得低沉而滞涩。

冰心对巧稚说，她再也不想在北平多待一天，待孩子稍大一点儿，她就要和丈夫一道到大西南去。

巧稚皱着眉说："是的，这样的生活不是生活，只是活着。"

第二年夏天，冰心果然去了云南，然后又从云南到了重庆。她用"男士"为笔名，写了一组文章——《关于女人》。其中，《我的同班》里的"L大姐"，便是林巧稚的写照："L女士是闽南人，皮肤很黑，眼睛很大，说话做事，敏捷了当，有着和男人一样的思路……她的敏捷的双手，接下了成千上万的中华民族的孩童……"

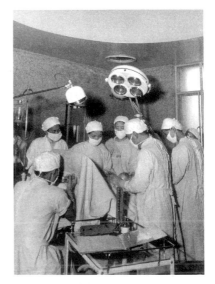

林巧稚（左二）在手术室

留在北平的林巧稚，一如既往地忙着门诊，忙着手术，忙着接生。同时，她还进行着子宫收缩生理的研究。

林巧稚从英国进修回国后，一直没中断自己的研究课题。这时期，她与生理系的张锡钧教授合作，开始研究胎盘乙酰胆碱对子宫收缩的作用。

在胎盘肌肉组织中，有一种名为乙酰胆碱的物质。这种化学物质在产妇分娩时刺激着子宫，促使子宫收缩，子宫的收缩导致产妇生育时疼痛。

20世纪主流的科学思潮是实证主义，由此引出医学科学的基本信条：一切结论要有依据，试管里面出结论。

林巧稚希望通过科学的数据，掌握分娩疼痛的机理，由此找到减轻女人生育疼痛的路径。

乙酰胆碱只能从刚刚分娩的胎盘中提取。因此，这项研究随着一个个婴儿的诞生同时进行。

产妇分娩不分白天黑夜，他们的研究也不分白天黑夜。

新生儿出生，林巧稚守候在产妇身旁。她将刚刚娩出的胎盘装在器皿中，交给张锡钧大夫。张锡钧从中提取出乙酰胆碱，测定出它在胎盘中的含量。林巧稚再用这些数据与产妇临产前的身体指征相对照。由此积累数据，再从数据中寻找"因""果"关系。

在研究中，林巧稚重视对数据的分析、验证，更重视与产妇面对面的交流，关注每个产妇个体的感受和生理指征。

他们的这项研究中断于日军占领协和后。直到抗战胜利，协和重新恢复教学科研，他们才联名发表了论文《胎盘的乙酰胆碱与小产的关系》和《正常分娩中乙酰胆碱的作用》，这是林巧稚、张锡钧对这一研究阶段性成果的总结。

1939 年，日寇对中国的入侵步步深入。战争把中国拖入了苦难的血海。当时，美国和日本还没有宣战，协和这所美国人治下的医学院还暂时维持着正常的秩序。

这一年，林巧稚由协和被派赴美国学习。

一同赴美的，有皮肤科的胡传揆和林巧稚的同班同学、外科的施锡恩。

在芝加哥大学医学院妇产科，林巧稚继续着胎儿生理等领域的研究。设施完备的实验室，集中的时间和精力，使她有条件在生命幽深的奥秘中探寻。

生命从什么地方开始？从什么时候开始？

空中有风儿掠过，如尘似雾的花粉雨丝般地飘飞、洒落，大地上的亿万株植物完成了它们的授粉。

无论是朝生暮死的蜉蝣的一天，还是高大的冷杉长达数千年的生存，每个生命的存在都是大自然的奇迹，每个生命的孕育都偶然而神秘。

号称"万物灵长"的人类，生命最初的孕育其实和一切脊椎动物一样，起源于一粒小小的胚胎。

当一个卵核和一个精核在游动中随机相遇，它们互相融合的时候，即是一个新生命的出发。这个幼小的胚胎带着祖先的遗传信号和一代代的生存信息，开始形成一个新生命。

温暖的母体——子宫，犹如等待播种的土地，弯弯的输卵管犹如一道弯弯的鹊桥。一粒融合后的种子——受精卵，通过输卵管进入子宫——那丰腴的母腹深处。

此时，如果母体子宫及其附件有病痛，自然的通道就会受阻，种子着床出现意外，就有可能造成宫外孕。

小小的受精卵一旦着床，如同种子播入大地，生命的孕育从这时起程。

能否孕育一个健康的胎儿，既取决于遗传，也取决于环境。

遗传基因来自父系，也来自母系。人们在年轻的时候结婚、生育，是一种自然本能，因为这期间孕育出的后代最为健康和聪明。基因突变和染色体畸变往往发生在高龄孕育的人中。在种种可能发生的遗传缺陷中，人的自然生理表现出了强大的选择功能。妊娠前期，有时会发生不明原因的流产，这些自然流产的胚胎或胎儿，大约有一半染色体有缺陷。人类的自我保护本能悄悄启动，它本能地选择淘汰尚未成形的有缺陷的生命。

林巧稚在做实验

环境因素则更多地与母亲相关联，母亲为胎儿提供的环境包括：子宫胎盘的功能，药物的正确使用，是否有病毒性感染，有无放射性损伤和营养状况等。

怀孕期间，化学药物和放射物的损伤对孕育中的胎儿会造成不可预测的危险和伤害。孕妇吸烟、饮酒，同样会给胎儿的发育带来严重影响。

从怀孕到生育，整整 10 个月，母体内的循环、代谢和孕育功能，即使最复杂、精密、完备的实验室和工厂也不能与之相比。

母体，具有怎样奇妙无比的机能；孕育，又是怎样令人叹为观止的工程。

胎儿的生长和健康，依赖于胎盘的发育和功能，母体的营养状况，决定着胎儿的营养状况。

许多人的研究已表明，当母亲的营养供给能够维持中等水平时，胎儿的体重与健康不会受到较大影响。当母亲的营养摄入降低到临界水平，胎儿就再也不能与母体竞争。人类的自我保护机制决定，当一个人处于维持生命的临界点，会优先选择维持自我的生命。

林巧稚想到了中国许许多多贫穷的母亲。

那些怀孕的母亲，或者食物匮乏，或者要承担过重的体力劳动，她们体内缺乏蛋白质和脂肪的储备，在母体与胎儿争夺有限的营养时，结果明显不利于没有竞争力的胎儿。

如果说，生命从最初的孕育就已经开始，那么，胎儿的健康是否关系着一个人一生的健康？

许多年以后，时间距离林巧稚对胎儿生理的研究已过去了半个多世纪。这期间，人类最大的进步是科学技术的进步。医学科学、生物工程的发展令人瞠目。可是，国际医学界却越来越普遍地认为，人一生的健康状况与最初在子宫内的发育状况密切相关，它甚至关系到一个人中老年可能会得的各种疾病。

1940年，林巧稚结束了在美国的学习，即将起程回国。

在美国，她和同学施锡恩被授予"美国自然科学荣誉学会会员"，获得了美国自然科学荣誉学会的证书和金钥匙。

这时期，第二次世界大战正处于胶着状态，许多欧洲人奔向美国。

中国古人云："危邦不入，乱邦不居。"当时，中国的北平、华北，包括东部沿海地区都被日军占领，国内外已有协和医学院将要关闭的风声。

此时的林巧稚完全可以选择留在美国，以她的资历和能力，可以在美国任何一家医院得到很好的工作。可是，她从没有过这样的考虑。在乱哄哄的远洋客轮售票处，她等待了许久，终于买到了一张去香港的票，登上了返航归国的海轮。

她来的时候提着一只皮箱，走的时候仍提着这只皮箱。皮箱上的英文标签十分醒目——林巧稚·医学博士·中国北京。

这次归国，林巧稚没有回福建老家，那里已经沦为敌占区。大哥大嫂在鼓浪屿惨淡经营，艰难度日。二哥一家原是厦门的富户，日本人的轰炸使他家的房屋和财产全部化为废墟，一家人在厦门郊区以养猪种菜为生。

林巧稚回到了北京，回到了协和。

北京有她年近六旬的大姐，有在燕京任职的嘉通夫妇，有新婚不久的懿铿和华康，还有正在上学的侄儿和侄女。

世界上有许多的地方，而一个人的心在哪里，家也就在哪里。

妇科的住院病人少了，但难产的病例却明显增多。失去了正常的生活，会导致孕育和分娩的不正常，战时欧洲的统计也有相关记录。

这时期协和的妇产科主任是惠特克，他是个有个性的美国人。林巧稚一回到国内，就听到科里的医生对他的学问人品颇多微词。

对门诊和病房的病人，他不大放在心上，妇产科的常见病和多发病，他

通通交给下级医生处理。下级医生
有事找他，他总在实验室搞他的
研究。

林巧稚在病人中被热爱，在同
事中有威信，惠特克却常常明里暗
里地敲打她。他当着林巧稚的面挖
苦道："林大夫，你以为拉拉病人
的手，给病人擦擦汗，就能当教授
吗？"

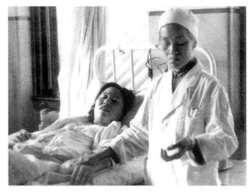

林巧稚正在给产妇号脉

林巧稚的心性十分单纯。无论
在工作还是生活中，她很少和别人发生人际纠纷。惠特克的嘲讽令人气愤，
但她不屑于为自己争辩。只因她所做的一切都出于良知，再则，她对自己的
专业能力充满自信。

协和别的科室里，也有一些类似的事情。外国医生之间，外国医生和中
国医生之间，科主任和下级医生之间，各种矛盾在所难免。通常的情形是以
中国医生或下级医生的隐忍而委曲求全，毕竟，这是一所美国人主办的医学院。

可是，当惠特克任职期满时，协和没有续签他的聘约。

而被惠特克嘲讽的林巧稚，被校方聘为妇产科主任。

二、 胡同诊所

1941 年 12 月 8 日，一个普通的星期天。这天清晨，日本海军对美国太平
洋珍珠港舰队进行突然袭击。美国的舰船驻军遭受重创。

美国对日宣战。太平洋战争爆发。

就在这个星期天的早上，日本军队包围了协和，封锁了进出学校、医院
的所有道路和大门。

霍顿院长和协和美籍高层管理人员被日本军人非法拘押，他们在日本人
的监狱里整整度过了 4 年铁窗生涯。

这一天，林巧稚同往常一样，早早来到医院。她的办公室就在产科病房
的对面，能随时了解病房出现的各种情况。

8点刚过，走廊里响起了"咔嚓""咔嚓"的皮靴声，林巧稚皱起了眉头——病房要求保持安静，是谁这么肆无忌惮？她走到办公室门口，突然看见了一个日本兵。他背着枪，紧绷着一张骄横的脸在走廊里游弋，枪上的刺刀闪着凛凛的寒光。

林巧稚的心"咯噔"往下一沉。她急步走进产科病房，这是三楼朝南的房间，窗户正对着医院的大门。她朝大门口望去，只见那里密密地站着日本兵。她返身回办公室拿起电话，电话线路断了。

她脑子里这时只有一个念头，怎样让妇产科的一切不受破坏？怎样让产妇和病人不受惊吓？她轻声招呼所有的医护人员，沉住气，该干什么干什么，不能出差错，更不能影响产妇和病人。

她用平静的口吻告诉即将分娩的产妇，今天有一些日本军人来到这里，可能他们有兴趣到产科看看。

一位产妇顺利生下了一个男婴。婴儿啼哭着，哭声打破了令人窒息的气氛。

…………

协和医院被日本人占领了。

门诊关闭。

住院患者被迫出院。

学院停课，教职员和学生被迫离校。

灾难降临时，学院夜以继日地办了这样几件事情：

这一届临近毕业的学生和护校生提前半年得到了学校颁发的毕业证书。

未毕业的学生每个人都得到了学校的证明和介绍信。证明他们已经取得的学科成绩，介绍他们到别的医学院继续完成学业。

协和的护士学校校长聂毓婵历尽千辛万苦，把未毕业的护校生组织起来，长途跋涉，辗转到了四川继续学习。

协和职工每人领到一笔钱后，全部遣散。

这笔钱是协和为教职工办理的退休保险金。每月从教职工工资里扣取一定费用，协和也从预算中拨付同样数额的钱款，原准备教职工退休时一次性给付，如今用作了遣散的费用。因为每个人的工龄、职务不同，工资不同，所以领到的遣散费也不同。

林巧稚回到家里。家里还有坏消息等着她。

侄儿林嘉通是燕京大学的教授，他在这天被日本人抓走。同时被抓捕的，还有燕京大学的 10 位教授。

接下来的日子，林巧稚四处奔走。她找同学，托朋友，四处打听嘉通被关押的地方，想要营救他。

每天到了上班的时间，她会习惯性地穿外套，取手提包。待要出门，才恍然站住：这是要到哪里去呢？

…………

在她 40 年的人生岁月里，前 20 年生活在鼓浪屿，后 20 年生活在协和。

鼓浪屿的四周是茫茫的大海，大海中的小岛上有她的学校、她的家，那是她生活的中心。协和这个北京城里的"国中之国"，犹如苍茫世界中的小岛。生活在协和，她始终和纷纭复杂的外部社会保持着距离。反观她半生的岁月，从鼓浪屿到协和，林巧稚始终生活在她的"岛"上。

大海中的岛屿，既有着开阔的胸襟和背景，又有着坚守的格局和气象。

生活在"岛"上，既是林巧稚的生活状态，也是她的心灵状态。

如今，小岛被巨大的风浪淹没，她从来没有这样茫然无措过。

她把在北平的所有亲人聚拢在一起。危难中，亲人间更要彼此温暖，彼此照应。

侄女懿铖即将临产，侄女婿周华康也被从协和遣散回到家中。

嘉通被关押在日本人的监狱里，不知何时才能获释，而嘉通的妻子戴克范正有孕在身。她前两次怀孕都流产了，巧稚为了使她保住这个胎儿，对她倍加呵护。

协和的同事，纷纷自寻出路。他们有的出国，有的到别的医院就业，有的去外地投亲靠友，还有的自立门户挂牌行医。

林巧稚和家人商量后，权衡再三，选择了留在北京挂牌行医。

嘉通在羁押中，即使不能救他，也不能离开这里。侄女、侄媳都快要生产，更是不便远行。大姐已上了年纪，一双小脚，身体又不好，林巧稚要照顾好她的生活。

她是全家的主心骨，她承担起了一家之主的责任。

林巧稚和侄女婿周华康商定，先找一处宽绰点的房子，把一家人安顿下来，

东堂子胡同 10 号——林巧稚抗战时期开诊所的地方

再开办个妇儿门诊。

周华康经过多日奔走，看好了东堂子胡同 10 号的一个四合院。虽说租金很贵，每月要 100 块大洋，但这座院子宽敞、亮堂，有两个跨院，十几间房子。正好前院用来开诊所，后院全家人居住。巧稚决定租下它。

东堂子胡同 10 号的院门口，挂出了一块牌子，牌子上刻着：

医学博士
林巧稚医师
妇产科

诊所挂的是林巧稚的名牌，其实是林巧稚和周华康姑侄二人合办。

林巧稚接诊妇产科，周华康接诊小儿科。周华康原本是协和儿科的医生，又正是年富力强的时候，在艰难的时刻，他成了巧稚三姑最好的帮手。

诊所还请了协和妇产科的一位护士负责护理工作，由巧稚的小侄女敏铿负责采买药品、管理账目。

就这样，林巧稚的诊所开业了。

认识一座城市，需要的不仅仅是时间。

林巧稚从 1921 年离开鼓浪屿，已经在北京生活了 21 年。可是，她并不真正认识北京。

在北京 20 余年，她的生活圈子主要是在协和。对这座历史悠久的古城，她从未真正进入过。

真正进入一个城市，是在这个城市里过普通百姓的生活。与这个城市的风霜雨雪、交通出行、柴米油盐、物价涨落的日常生活息息相关，与城市芸芸众生的喜怒哀乐密切相连，才算得上是和这个城市有关系的人。

门诊的开业，让林巧稚接触到了北京城区的下层妇女，真正走进了普通百姓的家庭生活。

给她们诊治时，林巧稚脑中情不自禁地浮现出《圣经》中的诗句："我被人忘记，我好像破碎的器皿。"

作为妇产科专家，林巧稚对女人的身体和生理有着深入的研究。她懂得，生儿育女是女人固有的生理机能，它不应该是导致疾病的原因。可是，她在每天的工作中看到，那么多的女人患着那么多的妇科疾病——反复发作的妇科炎症，经久不愈的性病，各种器官的病理性改变和占位性病变……这些病痛一点一点蚕食着女人的健康，摧毁了女人的尊严。她们生命的生机、活力，被磨蚀殆尽。而她们的这些疾病，很多是因为贫穷、多子女和缺乏起码的卫生常识所致。

这些女人在生活里没有任何权利，就连生孩子这样直接与女人相关的事，也由不得自己做主。她们如同被人随意弃置的器皿——被反复使用得肮脏、残破的器皿。

她们的病拖得太久了。平日里，身子感觉不好，能拖就拖，能扛就扛，实在扛不住的时候就去药铺里抓两服药。她们许多人从没进过大医院，协和更是想都不敢想。而眼下，协和的大夫成了她们的街坊，说话和气、医术高明不说，光是挂号费，就比别的诊所少了整整两角钱。两角钱对她们来说可不是小数目，那是一家人两天的窝头和咸菜。

林巧稚给她们看病，总是替她们着想，替她们省着花钱。能治疗的当即治疗，吃药、敷药能治的病，绝不给她们打针。

她总是一边给她们检查、治疗，一边轻声细语地告诉她们一些自我护理、自我保护的方法。这些女人这辈子也没得到过如此的体贴和关心，就连她们的母亲，也从没这样教过她们。

面对林大夫，女人们忍不住会说出自己最隐秘的心事。

——她今年 28 岁，结婚 10 年，已经生了 5 个孩子。实在是生怕了，可又不知道怎么避孕。

——她 25 岁了，打从结婚那年起，身上总也不干净。丈夫喝了酒就拿她撒气，又凶又狠，来月经时也不放过她。

——她结婚多年了，不知道有什么毛病，一直怀不上孕。肚子、胯骨、腰、背，连带大腿根儿，哪儿都疼。丈夫从来不听她的诉说，婆婆总是骂她是奸馋懒滑的"白虎星"。

面对女人们的诉说，林巧稚耐心而慈爱。她总是一边倾听，一边检查，一边思考，究竟是什么病因使女人改变了生理形态？该怎么处理才能对症施治？

…………

——这位想避孕的妇女，确实不能再生了。她的子宫已经没有了很好的弹性。可是，以她的情形，丈夫和婆婆绝不会同意她做输卵管结扎手术，又缺乏有效的避孕药品。那么，还是让她自然节育吧。细细地告诉她，在女人的生理周期中，只要注意体察自己，就会了解，一个月里，有容易受孕的可育期，有不容易受孕的安全期。掌握自己的安全期，需要费点时间，需要耐心，还需要做丈夫的配合。

——这位年轻的女人卵巢有一个囊肿。是囊肿干扰了她正常的月经周期。不要紧，再观察一段，可能囊肿会自然消失。不过，怎样才能让她的丈夫爱护自己的妻子呢？好的生活环境对女人太重要了，它有利于病症的减轻。

——这位不能怀孕的女人患有严重的盆腔炎症，这是很痛苦的妇科顽疾。她一直没能得到过很好的治疗和休息，以致病情反复发作，腹痛蔓延到骨盆和别的部位。她这样的状况怎么可能怀孕呢？凭经验就可知道，她的卵巢和输卵管肯定受到了损伤，也许上面有很多斑痕……先服用一段时间的药物吧，服药期间最好卧床休息。婆婆待她不好会影响治疗效果，能回娘家住些日子吗？有必要告诉她的丈夫和婆婆，再这样下去，她可能会终身不育。

…………

林巧稚用母亲般的心肠接纳向她求助的女人。

在诊断治疗时，在处方和医嘱中，她不仅倾注了经验和智慧，还倾注了怜惜和悲悯。

一天天对城市下层女人的抚慰和照料，缩短了她们之间的距离，她们之间也一天天亲近。

女人们心里存不住事。

女人们对林大夫心怀感激可又不知怎样表达。

她们只能把这感激告诉自己认识的人：姐妹、妯娌、亲戚、邻里……她们说，东城的林大夫是"神医""活菩萨"，林巧稚的名字就这样传遍了北京九城。

…………

没有感情，没有信仰，就没有最好的医术。

林巧稚走在南长街口，一个残疾姑娘拦住了她。这姑娘脸庞长得端端正正，却矮小而驼背。她的身材看上去像个孩子，耸起的后背使她向后仰头才能正常和人说话。

原来，这残疾姑娘是一家商店老板的女儿，她爱上了店里的伙计。做老板的父亲发现了女儿和店伙计的关系，恼怒之余，把他们赶了出来。他俩如今在南小街租了间小偏房，靠摆小摊儿维生。

姑娘向林大夫诉说：如今，她已怀孕数月，她想生下这个孩子，给"他"留下条根。可是，这么副身子骨，回不了家，又上不起医院，只有向林大夫求救。

残疾姑娘的倔强和执着打动了林巧稚，此后的出诊，就多了南小街的这个姑娘。林巧稚定期为她检查，给她以指导，一直照看她直至分娩。

一辆小轿车，把林巧稚接进了一处大宅院。三进的院落，庭院深深。可是无论多么显赫阔绰的家庭，也有一本难念的经。这户人家漂亮的二小姐，爱上了一个大学生。如今，大学生不知去向，二小姐却已怀有身孕。老爷、太太又气又恨又不能声张，二小姐则是以泪洗面寻死觅活。

无论是作为基督徒，还是作为妇产科医生，林巧稚从来就反对堕胎。在协和医院，也会遇到需要堕胎之类的事情。如果不是孕妇有病不宜生育，她从不轻易同意施行堕胎手术。可面对这一家人苦苦的恳求陈情，又念及年轻姑娘未来的人生，她不得不违心地做了不愿做的事情。为二小姐消除隐痛之后，想起南小街那位敢作敢为的残疾姑娘，林巧稚不能不发出深深的叹息。

…………

东堂子胡同 10 号诊所，前来求诊的人很多。遇到产妇行动困难，林巧稚还要去产妇家里出诊。

为了出诊方便，她包了一辆黄包车。

这一天，黄昏时分下起了雨。病人比平日里少些，诊所也早一点关门了。

林巧稚和周华康整理完一天的病历，正准备回屋休息，突然听到大门外传来急促的拍门声。

门外站着个浑身淋得透湿的汉子，他从永定门外赶来，说是"家里的"快不行了，生孩子难产，两天一夜还生不下来，请的接生婆没有办法，悄没声地跑了。后来听人说起林大夫，就找到了这里。

林巧稚详细问了产妇的情况，没有多耽搁，拿起出诊包就要走。这时，懿铿端来杯热咖啡递给三姑。

夜里出诊十分辛苦，赶上难产，更是无法把握时间，常常需要通宵守候。所以，林巧稚出门前，家里人总是记着为她煮杯咖啡，提一提精神。

雨夜里路不好走。巧稚跟着汉子赶到永定门外，已近半夜时分。

产妇躺在撤去炕席的光炕上，身子下垫着旧布缝的草木灰袋。

血水、羊水浸透了草木灰，赤裸的下身被染得污黑一片。她的眼睛紧闭着，汗湿的头发凌乱地贴在脸上，不时发出长长的呻吟。

林巧稚迅速为产妇做了检查。腹中胎儿横位，产妇的宫口已经开全，胎心音听上去有些微弱。长时间的挣扎，女人已没有了气力。

这一时刻，世界在林巧稚面前消失了，她的眼前只有这个奄奄一息的、难产的女人。

她让产妇的家人烧了热水，自己为产妇洗了脸，又为她擦洗干净下身。她撤去污脏的草木灰袋，在坚硬的炕上铺了条干净的旧被单。然后，她一条腿抵住炕沿，一条腿跪在炕上，轻缓而毫不迟疑地一下下正着胎位，同时小声地安慰着女人。

同时，她的心里已想好了几套施救方案。这荒郊野外，她必须做好各种准备。

一次次地细致引导，一次次地倾听胎心音。间歇中，她喂产妇喝下了大半碗棒子面粥。

得到照顾的产妇，渐渐恢复了一些力气。慢慢地，胎头进入了产道。终于，林巧稚熟练地握住了产钳……

一声洪亮的雄鸡啼叫引起远近一片鸡鸣。

晨光熹微中，林巧稚用产钳接出了婴儿。

她倒提着脸色发紫的婴儿轻轻拍打，婴儿哭出了声。

林巧稚深深地喘出一口长气，对婴儿的父亲说："是个男孩儿，祝贺你们。"

衰弱极了的女人睁开了眼睛，两行泪水顺着眼角流向耳根。

一直蹲在门口的汉子站了起来，他扎撒着一双大手，满地转着，不知道该干些什么才好。

林巧稚看着这个一贫如洗的家，打开了自己的出诊包。包里的夹层总放有一些钱，以备不时之需，她常常用来周济穷人。她拿出几张钞票放在炕头，

林巧稚传

对汉子说："她太辛苦了，等她缓过来，你给她做点好吃的补一补。"

…………

雨，不知道什么时候住了。

乡野的田畴房舍笼罩在淡淡的晨雾中，天宇清明而宁静。

婴儿大声啼哭着，哭声嘹亮而急促。在婴儿的哭声中，林巧稚告别了这户人家，她欣慰地想，这是个健康的男婴。

这时，她才感到汗水浸透了上衣，凉凉地贴在后背，两条腿也酸软得迈不开脚步。

"菩萨心肠"的林巧稚也有生气的时候。

逢到这样的时候，就显示出她的果断和决绝。一向尊重病人亲属意见的她，会毫不犹疑地采取行动。

一个已经生了 4 个女孩的母亲，因为想生男孩，又一次临盆。长期劳累过度导致难产，产妇子宫收缩无力，胎儿宫内窘迫。

听着胎心音越来越微弱，林巧稚为她做了剖腹产。这回出生的是个男婴，林巧稚在缝合伤口时，结扎了她的输卵管。

见到刚出生的儿子，男人高兴极了。他大声对妻子说："谁说我命中无子？往后，咱们还得再要个儿子！"

林巧稚生气了，对他说道："你的妻子不会再生孩子了！生了一个又一个，你妻子受得了吗？你能养活得起吗？"

林巧稚这样自行其是的例子不止一个，倒也从来没引起过什么争端。

当时，北平有妓院、有暗娼，这些地方性病流行。来找林巧稚求治的，就有这样的病人。

一个看上去老实得近乎木讷的年轻女人，却在妓院染上了性病。她说自家原本在河北农村，被亲戚骗到北京，卖给了妓院。后来，一个挖煤的汉子娶了她。她没告诉挖煤人，自己已经病得不轻。她求林大夫救救自己，她说这辈子好不容易遇上个正经男人，求林大夫给治好身子，她想和自家男人好好过日子。

林巧稚为她做了手术，她的阴部已经溃烂，溃烂的阴部生出了蛆虫。

一连好几天，林巧稚都十分难受。难受的情绪如一块砖石，硬硬地堵在心口。

她放不下那些无药可治的女人，想起那些因严重营养不良、皮肤肿得发亮的孕妇，她就十分难过。她想，自己即使竭尽全力，又能在多大程度上改变她们的不幸呢？

日复一日地面对仿佛永无尽头的疾病，面对一个个痛苦不堪的女人，即使是医生，即使有坚强的神经系统，是否也有厌倦和疲惫的时候？

可无论什么时候，林巧稚总是善待每一个病人。能够为别人所需要，能够帮助和给予别人，是她生存的意义所在。她的身体虽然累乏，心灵却平安而宁静。

所谓拯救或救赎，并不是凭着哀哀的诉说，去祈求来世的天国。而是怀着诚挚的信念，在现世人生中拯救苦难，承担责任。

胡同里的诊所开办了 6 年。6 年里，林巧稚行色匆匆。

在穷人的陋室里，在烈日当空的街道旁，在夜色沉沉的星空下……

城门关闭着，日本人的枪刺和旗子在城墙上晃动。

人们在隔绝中，妇女和孩子在哭泣，长夜漫漫……

林巧稚小小的诊所，存留了一些患者的病历，这些患者一共有 8887 名。

端午节到了。

太阳明晃晃地照着，院子里的石榴树开满红灼灼的花朵。

东堂子胡同 10 号的后院，巧稚和大姐坐在廊檐下，同侄女们一起包粽子。

林家如今已是三代同堂。巧稚和大姐是长辈，侄女懿铿和侄媳克范都生了女儿。全家济济一堂共有十来口人。

包粽子的黄米、红枣和苇叶，是京郊一个农民大清早赶着驴车送来的。林大夫救了他的妻儿，他无以回报，送来这些过节的东西表达心意。

林巧稚的病人常常用自己的方式感谢林巧稚。有人送来半口袋大米，说林大夫是南方人，爱吃米饭，这大米是费尽周折才淘换来的。

有人定期来家里帮忙买煤、买粮、安炉子、装烟囱，他们知道林家缺干粗活儿的人。

当时的北平，市面萧条，粮食紧张，市民只能吃上定量供应的混合面。能在端午节包粽子，已经是很奢侈的事情。

懿铿和华康的女儿已经过了百天，在大人怀里"咿咿唔唔"地舞动着小手，孩子胖乎乎的手背上有圆圆的肉窝。

林巧稚传

戴克范生完孩子不久，还很虚弱，太阳映照下，她的脸色有些苍白。

林嘉通至今仍被关押在铁狮子胡同的陆军监狱。他从狱中捎出口信说，他很惦念家人，想知道妻子生的是男孩还是女孩。他让家里人下次送换洗衣服时，若是女孩，用粉红色的包袱皮，若是男孩，就用蓝颜色的包袱皮。

林巧稚猛然想起，这一天正是嘉通和克范的孩子满月。应该给她们母子拍张照片，什么时候设法给嘉通送去。

一家人正张罗着，忽然听前院传来林巧稚大声的啜泣。三姑的哭声把大家吓了一跳，这实在是少有的事情。

大家奔向前院，不由得都怔住了，原来是嘉通回来了！

已是初夏时分，嘉通还穿着一件厚厚的黑棉袍。蓬乱的头发、长长的胡子、憔悴的面色，只有那双眼睛还闪着熟悉的光。

林嘉通在狱中数月饱受折磨，日本人多次提审他，罪名是支持学生抗日。最后，被判刑1年，缓刑3年，3年之内不得离开北京。

亲人活着出狱了，骨肉重新团圆了，林巧稚不由得喜极而泣，痛哭失声。

三、白，是一种颜色

北京白塔寺附近，西四牌楼的西北角，有一家民办的中央医院。中央医院院长与协和内科的钟惠澜大夫相识，他想请钟惠澜到这家医院任职并主持医务。

协和关闭后，协和的医生散居在北京、天津各地。现代医学注重系统的配合诊治，西医凭借整体实力才能发挥最佳优势。钟惠澜借此机会，联系了一批协和校友，对这家医院进行了改组。

中央医院后来改名为中和医院（新中国成立后，改名为北京市西城区人民医院），重组和建立了一些科室。钟惠澜把谢元甫、谢志光、关颂韬、吴阶平、曾宪九、胡懋华、周华康、冯传宜等原协和出色的大夫都请到这家医院，并请同班同学林巧稚重建妇产科，出任妇产科主任。

有这么多协和的同事聚在一起做事，林巧稚对这个原本名不见经传的医院产生了兴趣。她答应重建中和医院的妇产科，关闭自己开在胡同里的那家

抗战后期林巧稚（前排右二）与中和医院同事合影

诊所。

中和医院原来的妇产科是一排老式瓦房，林巧稚重建妇产科从改造旧建筑入手。

她利用原来的基础结构，请人重新设计了一栋紧凑实用的小楼。下面一层是妇产科门诊，上面是产科病房和妇科病房。

中和医院在西城，这里的妇产科开办后，来就诊的病人很多。林巧稚原打算关闭自己的诊所，但东城的病人看病实在不便。于是，她的诊所由全日制改为半日制，半天到中和医院接诊，半天在诊所接诊。有难产妇或需要手术的病人，就介绍到中和医院来医治。

林巧稚有意把这里办成协和式的妇产科。她聘请了王文彬、葛秦生、刘炽明医生，他们在妇科、产科各有优长，又请来了协和妇产科原来的几名护士。

中和医院的收费方式与别处不同。医院只收取挂号费、住院费、检查费和药品费。而治疗费和手术费归医生个人所有。

林巧稚同往常一样，无论谁来看病，她都认真诊治，只是收费区别对待。对有钱人，她收取费用。对穷人，她则少收费或不收费。

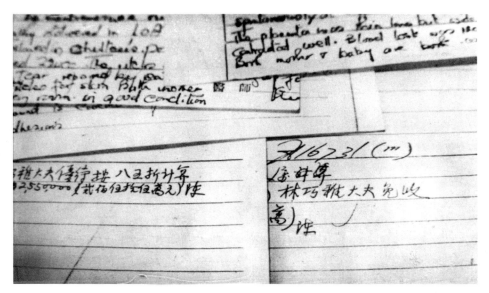

林巧稚免收或减少病人费用的记录

中和医院的病案室，存有当时就诊者的病历。那些发黄的病历中，留存着当时的记录："……林巧稚大夫优待，按八五折计算……""……林巧稚大夫免收费用……"

在没有"社会服务部"的中和医院，在正常生活秩序遭到破坏的岁月，林巧稚坚守着自己的信仰，坚守着"医乃仁术"的医道。

那时，社会上有的开业医生凭着医疗收费盖起了小楼，买上了汽车。林巧稚对待钱财之类事情从来不太在意，能凭着自己的医术让家人衣食无忧，她已足矣。

这一时期，北大医学院聘请了许多协和人兼任教职。林巧稚也被聘为北大医学院妇产科系的主任、教授。

一个诊所，一座医院，一所大学，从东堂子胡同的家庭式门诊，到中和医院的妇产科，再到北大医学院的临床教学，林巧稚每天的日程满满当当。从协和关闭到抗战胜利初期的这段岁月，林巧稚的生活、工作都在满负荷的辛劳中运转。

也是在这一时期，中和医院和北大医学院聚集了协和的一批医学骨干，成长起了一批医术精湛的专家，如泌尿科专家吴阶平、外科专家曾宪九、放射科专家胡懋华、儿科专家周华康等，在这一时期都已成了气候。他们每个人都有能力独当一面，成为这个专业领域的领军人物。

同一时期，协和内科的张孝骞教授坚守在故乡长沙，担任湘雅医学院院长。

协和内科的李宗恩教授在贵阳筹建贵阳医学院，担任贵阳医学院的院长。

协和的护校校长聂毓婵万里跋涉，把协和护校迁到成都，在四川办学，直到抗战胜利后迁回北京。

他们于艰难竭蹶之中，为国家保存和培养了可贵的医疗卫生人才，使中国的医学高等教育在残酷、血腥的战争期间也没有中断。

白，是一种颜色。它单纯而平和，永恒而宁静。

白色可以与任何颜色调和，配制出五彩斑斓的颜色。而白色自身，却不能掺杂任何颜色。

在漫长的苦难岁月，这些身穿白衣的医者，没有玷污洁白的颜色。

四、医患之间

1945 年，抗战胜利了。协和医学院院长霍顿博士走出了日本人的监狱。

霍顿院长回到了美国。在华盛顿，他所做的第一件事情，就是向洛克菲勒基金会提交关于协和复校的报告。

基金会接到报告后，委派专人赴北京调查。他们是哈佛大学的教务长波韦尔，还有原协和的外科主任、后来在基金会任职的娄克斯等人。

在北京，他们走访了许多人士，了解抗战后中国社会各方面的情况。他们的结论是：协和对中国的医学和医学教育有很大的影响，因此，协和医学院有必要复校。

协和医学院董事会决定，聘任李宗恩博士为协和医学院院长。他是协和医学院成立后的第一位中国籍院长。

李宗恩是著名的热带病学专家，曾参加过英国皇家医学会对热带病的考察。回国后，他在协和执教 14 年。抗战中，他又在当时教育部授权下，组建了贵阳医学院。

他出色的组织能力，为董事会看重。

1947 年初夏，李宗恩接受了董事会的任命。他从贵阳回到北平，开始复校的工作。

很快就到开学的时间了，事情千头万绪。

协和医学院复校是高难度、快节奏的。

分散在各个地方的协和人，听到了复校的呼唤，放下一切，陆续回到了协和。

这是他们度过青春苦读岁月的地方，是他们挥洒智慧心血的地方。当走进黛绿色屋顶覆盖下的协和大楼时，有人禁不住热泪涔涔。

洛克菲勒基金会每年为协和划拨 60 万美元的专用资金。

从协和建校以来，它的总投资额已达 4460 万美元。这是洛克菲勒基金会有史以来为国外的单项计划投入最大数额的捐助资金。

1947 年 10 月，协和医学院复课。

1948 年 5 月，协和医院复院。

林巧稚接受了李宗恩院长的聘书，担任了协和妇产科系的主任、教授。

她辞去了中和医院和北大医学院的任职，关闭了东堂子胡同的诊所，退租了东堂子胡同 10 号的房子，买下了离协和很近的一处院落——马家庙胡同 9 号。

马家庙胡同 9 号是个讲究、漂亮的四合院。高台阶，红漆门，迎门一道影壁，里面是前后两进的院子。前院不大，种着石榴树，院墙上密密麻麻地爬满了青藤。后院很宽敞，共有十几间屋子。林巧稚请人重新改造了厨房，厨房的墙面铺着瓷砖，通自来水，还有电烤箱。

南屋门前有一架葡萄，葡萄架下陈设着石桌、石磴。院子里栽有海棠、丁香、玉兰，还有四季的盆花。

抗战期间，林巧稚的大嫂在鼓浪屿病逝。当时，巧稚和北京的侄儿、侄女都没能回去。抗战胜利后，巧稚把大哥接到北京。买下这处院子，她想让大哥今后有个好的居住环境，守着儿女安度晚年。

回到协和，林巧稚着手妇产科的恢复和重建。

日军占领期间，协和的校舍和设备遭到洗劫和破坏，只有图书和病案幸运地保存了下来。显微解剖学的幻灯片是从楼道成堆的杂物中找到的，很多教学器材一时凑不齐，上解剖学课，只得从北大医学院借了两具尸体才开了课。

林巧稚带着科里的医生一次次出入废旧物品仓库，东拼西凑组装起了一些妇产科教学仪器和模型。

医学院恢复招生，林巧稚是招生委员会的成员。在招生会议上，有人主张医学院压缩课时，缩短学制。

林巧稚支持院长李宗恩的办学理念，那是协和一贯的办学理念——严格挑选、培养精英人才。她在会上直陈自己的主张，她说："不要以为多念几年书白费了时间，将来就会知道，这些学生在以后的临床和科研中因为基础打得牢，有后劲。"

她还算了一笔账：当年的协和，一个班总共三十来人。但毕业以后，百分之八十五以上的人，医疗技术都在水平线以上。而别的医学院校一个班百十人，最后顶多只有百分之二十的人能达到水平线。这样比较起来，还是宁肯少一些，但要精一些。培养一个顶一个用，免得浪费时间，浪费人力、物力。

这一年，协和招收了 19 名新生。

新组建的妇产科，有一些是林巧稚的学生。她从中和医院带回了葛秦生、王文彬、刘炽明、叶惠芳，他们个个都能独当一面。

林巧稚是个不善言辞的人。熟悉她的人都知道，她的英文造诣很深，甚至能用英文吟诗，讨论英语修辞。只是，她的中文表达不及英文。

她上课时没有滔滔不绝的口才，但所有听过她课的人都承认，她是一位优秀的教师。她的教授方法极为独特，极具说服力和感染力，特别是在临床

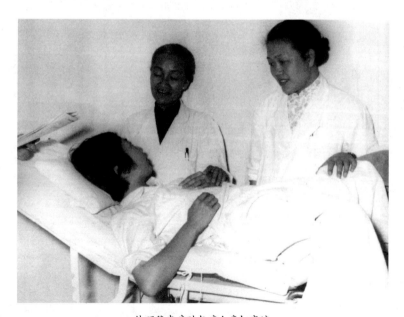

林巧稚查房时与病人亲切交流

教学中。

大巡诊的时候，十几个医学生围在她旁边。他们传看着一沓经过不同医院几次甚至十几次反复检查化验的结果。各种数据看上去真是千头万绪，仿佛面对一只刺猬，让人不知从何下手。

判断不了致病的缘由，也就提不出对症的意见。

仍然是这一沓夹着各种检查化验结果的病历，到了林巧稚手中，认真翻看下来，她一下子就能透过错综复杂的表象，找出症结，抓住要害。

而这时候，林巧稚往往并不急于和盘托出自己的结论，她只是循循善诱地向学生提问：

"这位患者的病情有何特殊之处呢？"

"她的这项检验结果可能的原因是什么？"

…………

就在一问一答之间，周围的人开始循着正确的方向思考，一步步逼近疾病的本质。

一团乱麻似的思路理清了，让人"误入歧途"的谬误排除了，潜隐的病因显现出来了。

她摆出的论据是如此具有说服力，学生们得到了最实在的教益和收获。

林巧稚令人心悦诚服的功力，源于深厚的专业根底和丰富的临床经验。但是，她从不凭经验轻易下结论。她总是提醒学生，医学科学的一切结论都建立在事实和证据的基础上，临床医学的科学结论要建立在对"这一个"病人的全面了解和把握上。

对于每一个外科室或外院请她会诊的病人，她都要亲自检查，亲自询问。对检验数据有疑问时，她会到化验科、放射科、病理科核对样本、照片和切片，找有关专家商讨后，再做出判断。

林巧稚极重视临床，重视培养临床医生一丝不苟的品质和科学精神。她认为，这是能否成为一个合格医生的前提条件。

学生来产科见习，她要求每个学生完成 10 例初产妇分娩全过程的观察，并用英文写出完整的产程报告。

学生们仔细观察和记录了分娩的过程，他们的作业交到了林巧稚的手中。

林巧稚一份份看过后，只在一个学生的作业本上批了"Good"（好），其余的全都退回重做。

这些学生更认真地观察，更详细地记录。结果，林巧稚仍然不满意。

于是，他们找来"Good"的作业。对照之下才发现，那位同学的产程记录上，只比他们多写了一句话，"产妇的额头上冒出了豆粒大的汗珠。"

"你们不要以为这句话无关紧要，"林巧稚看出了他们心里的不以为然，严肃地说，"只有注意到了这些细节，才会懂得怎样去观察产妇，才能看到在正常的产程中，常常会发生个体的、种种预料不到的变化。"

这些学生还那么年轻，林巧稚想让他们记住，守护生命先要敬畏生命，这是一件容不得半点马虎的事情。

她说："有人问，产科的规律是什么？要我说，产科的规律就是无规律！"

只因为，产妇和胎儿会在瞬间出现种种情况。难产和顺产的转化，常常在意想不到的时候发生。

"这可是个苦行当，有时你连续观察十几个小时、二十几个小时，或者更长时间。它需要细心和坚韧，一点小小的疏忽会给别人带来多么大的不幸？而只要略加小心，又会给别人带来多么大的欢乐！"

林巧稚为学生上"生产见习"课之前，她讲述了学习的重点、要求和目的，然后特别提及："记住，为了我们的学习，产妇增加了一定的负担，因此，我们必须认真、努力，珍惜每一个见习机会。"

每当在门诊或病房看到穿白大褂的年轻、陌生的面孔，林巧稚就会亲切地问一声："你是我们的学生吗？"

每当病房有难产或急诊手术，林巧稚也会问值班医生："通知我们的学生了吗？"

学生从林巧稚那里学到的东西，任何教科书上都没有记载。

要了解妇科疾病，必须先给病人做妇科检查。这是不可替代的检查法，也是妇产科医生的基本功。可是，被检查的病人常常会感到紧张，尤其是面对一群医生、特别是有男医生的时候，被检查者甚至会因羞怯而拒诊。

林巧稚特别体谅病人的心理，她总是轻声安抚病人，告诉她们这是医生在履行职责，只有理解和配合，才有利于医生诊治病情。

当病人躺下后，她会为病人遮挡好身体。

她为病人检查的动作小心、轻柔。

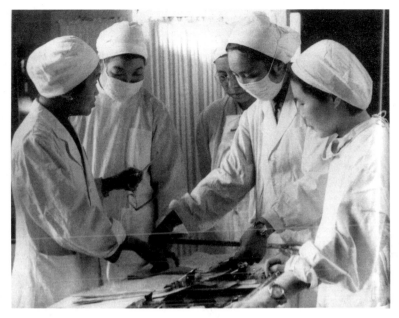

林巧稚（左一）在与同事们一起研究治疗方案

　　一次，一个年轻医生给病人做妇科检查，没有挡好旁边的布帘。林巧稚立即过去拉好，她说："请你注意保护病人。"

　　学生们都记住了主任为病人做妇科检查的要求：安慰病人，保护病人，动作轻柔。

　　看上去，这些事情与检查治疗关系不大，但正是这些细节体现了对人的尊重。

　　林巧稚注意细节，她教育学生，所有的检查、治疗，只是方法和过程，它的目的只有一个，就是对人的关怀和保护。

　　产房里，常有待产妇因疼痛而呼叫、呻吟。一次，一个实习医生不耐烦地申斥产妇："叫什么叫！怕疼，怕疼结什么婚！想叫一边儿叫去，叫够了再来生！"林巧稚知道了非常生气，她严厉地批评了这个实习医生，并要她当面向产妇道歉、认错。

　　她对学生说："分娩的产妇，把自己和婴儿两个人的性命都交给了站得离她最近的人——助产士，你是唯一能给她帮助的人，你怎么能够训斥她？在这个时候，你甚至没有权利说你饿，你累，你困。"

一天上午，医生们正跟在林巧稚后面查房。忽然，临近的厕所传来"哎哟"一声呻吟。林巧稚立即让人过去查看，几个年轻医生跑了过去。

　　一个厕位从里边插上了门，敲门、呼唤都没有回应。住院总医生叶惠芳从厕所门的下面钻了进去，把休克的病人救了出来。

　　后来，林巧稚在科室的会上专门提到这件事。她肯定叶惠芳在危急中救出病人的行为。她说，医院的一切都要为病人着想。当初协和设计厕所门，空着下半截，许多人觉得没必要，结果你瞧，关键时刻就派上了用场。

　　一天中午，正该吃饭的时候，一位产妇有了阵痛。

　　林巧稚来到产妇床前，为她做检查。产妇疼得紧了，没顾上吃的饭菜放在了床头柜上。

　　林巧稚把护士长叫到一边，问道："我看见她的菜碗里有鱼。你怎么可以让她吃鱼？她疼成那样了，哪里顾得上择刺？你应该考虑到的。"

　　林巧稚的批评轻声细语，却让护士长半天说不出话来。她对林巧稚对产妇如此无微不至的关怀深感敬佩。她与林巧稚共事多年，亲历过许多生死危急的场面，唯独这件小事，她一生都不曾忘记。

　　妇产科的下级医生都习惯了林巧稚的风格。她的思维方式，她的批评方式，她的冷静，她的热情……她这一切有着强大的引力，吸引着下级医生紧紧跟随。

　　林巧稚走路快，说话快，做事快。面对问题，她总是毫无顾忌地说出自己的认识和意见。只要看看她亲手写下的病历，看看那些毫无涂改、飞快而直接的笔迹，就知道她不会含糊其辞、似是而非，更不会留有余地、故作高深。

　　因为有爱，所以慈悲。林巧稚所有的关注点都集中在对人的救治上。按世俗的观念，她因此而分不出时间去做持久的研究，也没有精力去撰写需要与临床保持一定距离的纯学术论著——这应是她的不足。

　　可是，没有一个人能说她不是最好的专家。

　　她倾其一生的努力，只为了一个单纯而明确的目的——解除女人的病痛，让众多女人享有生活的幸福。

　　深秋的一个夜晚，京郊农村一个孕妇被送到协和妇产科。

孕妇已怀孕 8 个多月，黄昏时分，她正在院子里做饭，驻地附近的国民党兵玩枪走火，子弹击中了她的下腹。昏迷的孕妇腹部流血不止，胎儿情况不明，情况危急万分。

没有人见过这样蹊跷的病例。主治医生葛秦生不知如何是好，拨通了林巧稚家里的电话。

"子弹是直接打入子宫的呢？还是穿过肠子进入子宫的？"林巧稚问。

"现在还不清楚。"葛秦生如实回答。

林巧稚说："立即开腹探查。如果是通过肠子进入子宫，子宫必须切除。"

"知道了。"葛秦生懂得，肠道的脏物带入子宫，会引起感染，后果严重。

"如果子弹是直接打入子宫的，就只做剖腹产就行了。因为子弹温度高，打中子宫时，不会带细菌。这样就要尽量保留子宫。"

"明白了。"放下电话后，葛秦生走上了手术台。

幸运的是，子弹击中了子宫，却没有伤及胎儿。

剖腹取出了胎儿，也取出了子弹。

有一次，一位医生为一个骨盆狭窄的产妇做了剖腹产手术。手术顺利，术后产妇的情况也很正常。可是几个小时后，这位产妇却突然发烧、腹痛。

医生回顾手术经过，怎么也找不到发病原因，他只好打电话向林巧稚求助。

林巧稚赶到医院，为产妇做了检查。她建议医生借助器械稍稍为产妇扩张宫颈，使宫腔淤积的血液能够顺利排出。

她分析说，因为这位产妇未经临产就剖腹取子，她的宫颈口没有张开，子宫内的瘀血排不出去，所以引起了不良反应。

果然，扩张宫颈后，产妇很快消除了腹痛、发烧等症状。

看似简单的道理，却凝聚着多年临床的经验和智慧。

这一经验作为产科常规，写入了以后的产科操作规程。

真正的好医生看重接触病人，而不是纸上谈兵。

对来妇产科实习的医生，林巧稚总是要求他们：先为一百个产妇接过生再说。她说："仅有对病人负责的态度还不行，还得掌握过硬的医术。没有真本事，病人会在你的手里断送性命。"

年轻医生的每一点进步，林巧稚都为他们高兴。她通常会说："你不错，

林巧稚正在看病历

处理得很好。"

病人上手术台之前，看到麻醉师主动和病人交谈，她满意地说："你能这样体察和关心病人，今后要发扬。"

一台手术中，负责递送器械的护士与她配合默契。走下手术台，她会真诚地对护士说："你做得很好，谢谢你。"

在林巧稚心中，对学生的关心和对病人、产妇的关心是同等重要的事情。关心的起点和终点都指向一个目标——人。人的健康、平衡，人的和谐、完整。

她不能原谅医生对病人的疏忽和不负责任。

一位三十多岁的女人来协和做人工流产。她面色苍白，有些浮肿。

林巧稚从病历中了解到，这是位重症风湿性心脏病患者。两个多月前，她刚从协和内科出院。给这样的患者做人工流产有很大的风险，但是，不做人工流产也会危及她的生命。

林巧稚觉得，这本来是可以避免的事故。于是，她径直找到两个月前分管过这位病人的内科医生，批评他说，由于他的疏忽，没有特别提醒病人必须避孕，才导致患者现在承受着双重的危险。

类似这样跨科室的事情，一般人都不会去追问。一来不是自己的职权责任，二来又牵涉到两个部门之间的关系。可是，林巧稚却不管这些，她强调的是：医生必须对病人负责任。

外院一位年轻医生想调到协和妇产科工作。他人很聪明，学业也不错。可是，林巧稚却拒绝了他的请求。

因为，这位医生曾给林巧稚留下了不好的印象。那时，林巧稚还在那家医院兼职。

有个病人因宫外孕休克。检查中，林巧稚发现病人血色素很低。护士说，头天夜里病人曾休克了一次。

妇产科医生都知道，宫外孕是非常凶险的病情，不容有丝毫的延误。

林巧稚传

"这是谁管的病人？"林巧稚问道。

主管医生是那位年轻人。

林巧稚问："昨天入院确诊宫外孕，为什么不马上手术？"

年轻医生支吾道："昨晚测量血色素，觉得还不很低。"

"到底是多少？"

他红着脸，随口说了一个数字。

事后，林巧稚了解到，头天晚上并没有做过血色素检查。

每当遇到类似的情况，林巧稚都不能控制自己的愤怒。虚与委蛇、敷衍塞责，是林巧稚最不能容忍的作风。平时一贯慈蔼的她，此时会变得异常严厉、毫不通融。

在医院，通常把外科、妇科、小儿科视作高风险部门。稍有不慎，就有意想不到的事情发生。因此，这些部门也最容易发生医患纠纷。

其实，医院里具有高风险性的又何止这些部门。

有统计表明，即使在发达国家，临床医疗的确诊率也仅有70%左右。

医学是一门发展中的科学，医生也是会犯错误的人。

病人来到医院，因恐惧而焦虑，因痛苦而软弱。

医生是他们此时此刻的主宰，决定着他们对生命的希望与绝望。很多医疗纠纷的缘起，往往只是因为医务人员的麻木、冷漠和令人愤怒的漫不经心。

如果医生真正能为病人着想，病人也应该能体会到医生的不易。林巧稚在高风险的妇产科工作了几十年，她所在妇产科从没有和病人或病人家属发生过医患纠纷。

医院是社会的缩影，医生对职业道德的恪守，是社会良知的底线。医疗公信是社会公信的反映。

还是撒拉纳克湖畔的铭文道出了医疗的真谛："有时，去治愈；常常，去帮助；总是，去安慰。"它有着对医疗力所不能及的无奈，更透出人性的温暖和温情。

1948年，中国人民解放军向华北一带集结，平津战役即将打响。

这一年，林巧稚在协和重建的妇产科，规模初具，门诊量日增。

她欣慰的是，妇产科的一切都上了轨道。教学、医疗、科研，一切有条不紊地进行。几个年轻的下级医生很能干，省了她很多心。

可是，外边的世界却越来越令人不安，时局动荡，物价飞涨，人心不稳。

医院流传着各种传言。有人说，共产党就要打过来了；还有人说，国共两党要以长江为界，划江而治……

每到协和发工资的日子，就有金店的职员带着金首饰到协和住宅区上门服务。有人把工资换成金子保值，没余钱的人也要赶紧上街，抓紧购置生活必需品。一个护士上午用工资买了一双皮鞋、一筒饼干；到了下午，另一个护士的全部工资却只够坐一趟人力车了。

林巧稚即使再不关心局势，也能感觉到，世道要变了。

林巧稚教过的学生中，有的是中共地下党员，这些党员在协和发展进步学生，散发宣传解放军的感人事迹和揭露国民党的黑暗腐败的材料。

他们的活动，还包括了解和分析高校教授们的思想动态，定期向上级党组织汇报。

他们对林巧稚也进行了分析。他们认为：林巧稚为人正派、纯洁、善良，学术水平一流，有很高的威信。虽然她不过问政治，对政治思想认识模糊，但属于可争取的对象。

对这一切，林巧稚浑然不觉。

马家庙胡同 9 号的院落，这些日子冷清了许多。

她的大哥大姐回老家去了，林巧稚很惦念他们。

大哥从年轻时起，就为了这个家打拼。为支撑这个家，他吃了很多苦。当年父亲去世后，如果不是大哥大嫂的鼎力支持，巧稚的 8 年协和生涯，很难读得下来。如今，大哥已经年过六旬，各种病痛都已上身。巧稚和孩子们经济上有了些能力，也称得上事业有成，大家都希望他能在北京住下来，守着儿孙，安度晚年。

年前，林巧稚操持着，给他过了六十大寿。

他对巧稚说，他想回家了。鼓浪屿才是他的家。

尽管巧稚心中不舍，但她知道，大哥一生要强，他在这里待不住，他不愿做个吃闲饭的人。她想，在性格上，她很像大哥。

大哥说走，大姐也要跟他一起走。她离开鼓浪屿好些年了，趁着还走得动，她只想回到老家去。

如今，留在北京的，有嘉通一家和懿铿一家。其他的侄儿、侄女大学毕业后去了外地。

侄儿嘉通在日本投降后回到燕京大学，被任命为教务长。

侄女婿周华康从美国学习回国后，担任了协和医院的儿科主任。

有人说，世界上有两种人最幸福，一种是完成了一幅作品、眯着眼睛陶醉在画布前的画家，另一种就是成功地做了一例手术的医生。其实，这两种人的幸福感并不完全相同。医生的幸福源于手术成功、病人获救的成就感，画家则更多的是一种精神的满足。当然，他们的幸福也有相通之处，就是那种眼到手到、游刃有余、如入无人之境的状态。

那种状态若非亲身经历，很难感受。

当林巧稚走出手术室，深深呼吸庭院中飘散着桂花甜香的空气时，就感受到了这种幸福。

在手术台上站了那么久，当时不觉得什么，这会儿全身都有些酸软乏力。人却异常的清醒，一路走回家，脑子里全是手术过程。

北京的秋夜，天空高旷，抬头望去，紫蓝色天幕上闪闪烁烁，布满了星星。

林巧稚欣悦地想到，她有很久没看过美丽的星空了。

家里的收音机响着，嘉通夫妇和华康夫妇正在等三姑林巧稚回来商量事情。

嘉通告诉三姑，现在学校根本上不成课，燕京很多人都走了，有的去国外，有的去南方。戴克范父母家人都在上海，一封封来信催促他们，怕的是走得晚了，就再也走不成了。

林巧稚的眉头紧锁，无论多么不情愿，她究竟还是得面对这些事情。

前些日子，她曾接到同班同学卢致德的一封信。从协和毕业后，他一直是蒋介石的保健医生。卢致德在信中说："林教授，时局难卜，前途未料。如愿来宁，我当尽心……"

半年前，北京城防司令傅作义的太太在协和待产，林巧稚为她接生了一个男婴。傅作义晚年得子，全家人对林巧稚十分感激。前几天，傅作义太太派人给林巧稚送来了一张机票，机票上有傅作义的亲笔签名。拿这张机票，可以乘任何一次航班去任何一个城市。傅太太特意告诉她："这是多少人用金条都换不来的。"

林巧稚一一感谢了他们的好意，却毫不犹豫地拒绝了他们想提供的帮助。

面对乱纷纷的时局，她曾不止一次地想：走？到哪里去呢？要出国她不必等到现在。去南方、回厦门和留在这里又有多大的区别？何况在这里几十年了，与这里的一切悲欢与共。医院每天都在接诊，病房每天都住进新的病人，妇产科的大小事情都等着她拿主意，那么多老师、同事、学生都在这里，她怎么可以独自走开？再说，她自忖自己凭业务吃饭，靠技术立身，没有什么可害怕的，有什么必要离开这里呢？

她沉默了好一阵子，才对家里人说："你们有你们的道理。反正学校也上不成课，嘉通一家可以先去南方看看长辈，也好让他们放心。……我就留在这里了，我是个医生，到哪里都是做医生。"

在这个家里，一旦林巧稚说出看法，大家都听从。

最后，全家人商定：嘉通一家去上海，懿铿带着孩子回鼓浪屿，去看望各自家中的老人，华康和三姑留在北京。

夜深了，大家各自回房休息，林巧稚却久久难以成眠。

一年又一年，多少人燕子衔泥般一点一滴地建设。可是，破坏的力量总是来得强大而突兀。刚刚赶走了日本人，战争的风烟又在全国燃起。现实像个布满了窟窿的筛子，缝不胜缝，补不胜补。生活中，更多的无法把握的力不从心……

无边的疲惫挟裹了她，她觉得很累，很累。

该走的，都走了。没有了孩子们的嬉戏打闹，偌大的院子里显得空落落的。辖区片警要各家出人挖战壕、修掩体，只有林巧稚家派不出人来。

两个人住一个大院子，实在是太空旷了。林巧稚和周华康向院方提出申请，要求协和提供宿舍。林巧稚和周华康都是科主任，院方给他们安排了协和新近建好的位于东单外交部街的专家楼。

林巧稚一家从马家庙胡同搬走后，那座漂亮的四合院，新中国成立后住进了吴祖光、新凤霞一家。他们在这里一直住到"文革"爆发。新凤霞晚年在回忆文章里，还深切怀念着那处美丽的院子。

1949 年 1 月 22 日，北平守备司令傅作义和中国人民解放军达成停火协议。
1949 年 1 月 31 日，北平和平解放。

第四章　新出来的太阳

第四章 新出来的太阳

一、大红请柬

1949年暑假，协和的美国职员全部回国，名义是"回国述职"。

在协和，其他医务人员待遇依旧，工作秩序依旧。

林巧稚依然是妇产科主任，周华康依然是儿科主任。懿铿带着孩子回到了北京。

对医生来说，医院里只要有病人，他们就总是一如既往地忙着自己的事情。

K楼妇产科，刚刚查房回到办公室的林巧稚收到了一份大红色的请柬。她打开来一看，原来是请她参加天安门城楼开国大典的邀请：

协和医学院林巧稚教授：

　　兹定于十月一日下午三时在天安门广场举行中华人民共和国中央人民政府成立庆典，特请光临。

她凝神看了一遍，目光停留在自己的名字上。正在这时，妇产科总住院医师叶惠方敲门走了进来。林巧稚回过神来，把请柬递给她说："小叶，你瞧，真有意思，请我去参加政府成立的庆典。我是个医生，请我去做什么呢？"

她放下请柬，依然忙着妇产科的事情。

妇产科门诊部前，候诊的病人早就排成了长队。

挂号费分两种。一种是专家门诊，两元钱。一种是普通门诊，两毛钱。

林巧稚是著名专家，但她并不只看专家号。她只要在门诊，总要看完当天挂号的所有病人才下班。

其间，如果她看到普通门诊的哪个人表情痛苦，就会丢下手里的所有事情，直奔那个病人而去。本来，这样的病人除非下级医生请求，林巧稚完全可以不必过问。

有时候，叶惠方会提醒她，待诊室里有提前约好的特殊病人，正等候着林巧稚。

这些特殊病人，有时是某位军政要员的太人，有时是某个外国使领馆工作人员的夫人。林巧稚总是头也不回地说："病情重才是真正的特殊。"

林巧稚看门诊，从来不会三言两语打发病人。她常对下级医生说："医生给人看病，不是修理机器，医生面对的是活生生的人。她们各自的生活背景、思想感情、致病原因各不相同，我们不能凭经验或检验报告就下诊断开处方。"

不管什么时候，不管病人是谁，她都是不厌其烦地问询病史，细致检查，耐心打消病人的思想负担，最后还会向病人交代注意事项。这样一来，她几乎总也不能按时下班，中午饭多半要拖到很晚才吃得上。

这天又是如此。当她和叶惠方洗手回到办公室，已是午后 1 点多了。

叶惠方取回了她和林巧稚的饭盒。饭盒是早上从家里带来的，淘好的大米，添上水，再放上切好的腊肠或咸肉，放在消毒室的炉子上。蒸好后，热在火旁，要吃时拿回来，再配点家制的小菜就开饭了。

饭菜虽然简单，但她们习惯了这样的饮食。

秋阳透过窗户照射进来，叶惠方为林巧稚冲了一杯咖啡递上。吃完饭，她们通常边织毛衣边聊天，这对林巧稚是最好的休息。

叶惠方是个广东姑娘，毕业于协和。她性情柔顺，做事细致认真。林巧稚把她从中和医院带回协和，又让她做了总住院医师。她成了林巧稚的好帮手。

下午 3 点，北京、天安门、长安街。

欢呼声和口号声在天宇间滚动，轰隆隆的礼炮声传到了离天安门不远的协和医院。林巧稚正在她的妇产科忙碌着，望了望窗外明丽的蓝天，她想起了抽屉里那张大红色请柬。凝神聆听了一会儿海潮般此起彼伏的声浪，她习惯性地迈着轻捷的脚步，向静静的产房走去。

林巧稚没有去参加开国大典。她自己并没有为此感到有何不安。在此之前，她已多次拒绝参加与政治有关的一些活动。

曾经，医院党支部派人找到林巧稚，问她是否同意去西南参加土改运动。

"土改？让我去干什么？"

她觉得莫名其妙，反问道。

党支部的人说："农村到处都在斗地主、分土地，政府准备组织一些专家到农村去参观、学习。"

"必须去吗？"林巧稚皱着眉问道。

"不不，这是卫生部的邀请，假如您愿意……"

"我没有时间。如果卫生部命令我去的话，我可以服从。"

林巧稚的话里有明显的情绪和不满。说完这话，她转身走了。

这之后，又要召开中国妇女联合会第一次代表大会。筹委会给林巧稚送来了代表证，她同样以病人多、离不开为理由，没有参加。

她不是不明白，这一次次邀请，实际上是新政权对她一次次递出的橄榄枝。但她坚持自己的立场，凡是与妇产科业务、医学业务无关的事，能回避的尽量回避。她提醒自己，要和政治保持距离。

她不太看重这些来自专业领域之外的认同，她觉得自己无论什么时候都不靠这些东西立身。

但是，这个秋天发生了许多事情，让林巧稚感到新鲜和感动。

10 月 27 日，共和国成立还不到一个月，北京市政府得到了鼠疫疫情报告。

鼠疫又名黑死病，是一种传染性极强的疾病。它曾让中世纪的欧洲失去两千五百万人口。

新政权显示出动员民众、组织民众的强大威力。

——城乡动员，对患者隔离，对疫源焚毁和消毒，接种疫苗……

短时间内，北京市的大小医院全部投入防疫工作中。

协和礼堂门前广场上，医务人员摆放了一圈桌椅。秋天的阳光下，预防接种的人们排着长队。

林巧稚加入了防疫工作，紧张忙碌中，她心里涌动着如年轻人一样的兴奋。

这一年的 11 月 21 日，公安部部长兼北京市公安局长罗瑞卿宣布了北京市政府《关于封闭妓院的决议》。

宣布"决议"当天，两千多名警察分赴城区和郊区。

一夜之间，224 家妓院被封闭，1268 名妓女被收容，454 名老鸨、领家被审查处理。

如同降临了一场冲洗城市污垢的暴雨，林巧稚受到了强烈的震撼。

作为一个妇产科医生，她见过一些身患梅毒和性病的女人，她尤其痛惜那些生下来就鼻腔缺损、臀部溃烂的先天梅毒患儿。她对污秽的娼妓制度无比厌恶，对新政权清除社会丑恶的魄力发出由衷的赞叹。

新政权对妓女的改造方式也很有说服力。妓女中许多人都患有性病，政府无偿为她们提供治疗。恢复健康后，她们被送进了生产教养院，教她们学习劳动技能。然后，或送她们回原籍，或介绍她们就业。

被人鄙夷的妓女尚且能得到如此人道的对待，新政权赢得了人心。

林巧稚不能不想到，她日复一日地工作，全是为了女人的健康。而面对永无尽头的疾病和苦难，个人的能力毕竟有限。靠专制和不公正建立起来的社会，不可能靠一点一滴的改良或慈善事业得到拯救。或许共产党真的如他们所宣传的，是能够为老百姓谋福利的政党，她这样想。

如果说，广大工农大众和城市贫民，是因为政治上、物质上的翻身，对共产党由衷地感激，那么，林巧稚则是通过她倾注了全部心血的妇产科事业，对共产党露出了微笑。

医院门诊部永远有很多人，总是显得乱哄哄的。

新中国成立初期的林巧稚

病人大多心情不好，往往因为一点小事就发火。大厅里乱哄哄的，陪同的亲属习惯了大声说话，谁也听不见别人在说些什么。还有的病人对周围的一切视而不见，苦着脸盯着一个地方发愣。

妇产科门诊人最多的时候，一定是林巧稚坐诊的时候。

这天，林巧稚的诊室来了两位候诊的妇人。

前面的一位剪着短发，圆圆的脸，肤色黄白，带着和气的笑容。后面还跟着一位年轻的女人，前后招呼着各种事情，显然她是陪同的人。

她们穿着朴素的灰布制服，挂的却是特等号。

社会生活的变化，常常表现在女人的服饰上。过去挂特等号的病人，往往是衣着考究的太太、夫人，如今进入新社会，出现在诊室的女人，大多不施脂粉。穿旗袍的还有，但多了身着灰布制服的女人。林巧稚听护士们说，这种制服叫列宁服，是学习苏联军装的样式。斜插兜，双排扣，卡着腰身，一片衣襟压着另一片衣襟，这种服饰几乎成了那个年代革命女干部的象征。

"这是你们挂的号吗？"

林巧稚指着桌上的病历，问两位穿灰布列宁服的女人。

"是的，是我挂的号。"

年纪大些的那位答道。

"以后再来看病，别挂这种号了。这要多花许多钱。我也看普通门诊，都是一样的，只不过多等一会儿。"林巧稚对她们说。

谁都知道，妇产科门诊的特等号要比普通号贵 10 倍。这些钱对普通人家来说，是很贵的花销。

听着林巧稚的话，中年女人很客气地点头应道："好的，好的。"

这时，陪同的那位年轻女人说："我们挂特等号，是想请林大夫给这位大姐仔细检查一下身体。"

林巧稚开始了问诊：

"你今年多大年龄？"

"46 岁了。"

"生过小孩吗？"

"生过。"

"孩子多大了？"

"要是活着的话，该有 22 岁了。"

"怎么？……"

迎着林巧稚关切的目光，中年女人很平和地说道："那是很久以前的事了。1927 年，正是到处抓捕共产党的时候，孩子生下来了，是个 9 磅重的男孩，胖胖的，很可爱。孩子得了病，不能到大医院去治，怕暴露行踪。在　家小医院，没能得到有效的医治，结果孩子生下来不久就死了。"

"哦，孩子得了什么病？"

"也不是什么大病……"

她停了停，又说："主要是医院太差……"

林巧稚放下手中的笔，望着面前依然微笑着的面庞，轻声问道："后来又有过孩子吗？"

"没有。"

"是什么原因？……"

"以后的环境更差。长征，打仗，落下了病。工作忙，顾不上治，也没条件治，就再也没有小孩……"

如果不是面对面地倾听，林巧稚很难将万里长征、出生入死和眼前这位朴素、平易的女性联系在一起。而正是这种朴素和平易，使她讲述的事情更显出残酷的真实。

对别人的不幸，林巧稚从来不会无动于衷。作为妇产科医生，最让她心痛的事情，莫过于一个母亲没有正常的孕育环境。而面前的这位女性，却是为了理想，把她的健康和孩子做了牺牲。一时间，林巧稚说不清自己心中是感慨还是感动。

林巧稚仔细地为她做了检查。她已经永远地失去了孩子，林巧稚希望自己能够解除她身体的病痛。

送走两位穿灰布制服的女人后，有人问林巧稚："您知道找您看病的是谁吗？"

林巧稚不在意地摇了摇头。每天接待的病人太多，她从不关心她们的来历，更记不住她们的姓名。

"她是周恩来总理的夫人！"

"是吗？总理夫人？"林巧稚赶紧去看病历——"邓颖超"，她读了一遍这个名字，眼前浮现出那朴素、谦和的面容。

第二天，林巧稚在办公室接到一个电话：

"是林巧稚大夫吗？我是邓颖超，谢谢您给我看病，谢谢您的关照……"

这个电话让林巧稚近距离地感受到了共产党人的人情味儿。

不久，林巧稚与协和的几位教授接到通知，下午3点到中南海怀仁堂听报告。

林巧稚做事向来守时，她准时来到会场。刚找到座位坐下，就听见台上有声音说："请大家坐好，现在开会了。"

她下意识抬腕看了看表——3点整，一分不差。她禁不住发出感叹："共产党很守时呀，看样子还能办事！"

这时，她听见前后排有人笑她。身边协和的同事悄悄碰碰她说，台上讲话的人是周恩来总理。

抬眼望去，中等身材的周恩来挺拔、端正，是属于很容易给人留下深刻印象的人。他目光深邃、温和，眉毛乌黑，头发浓密，脸上有着自信的人通常具有的明朗、自在的表情。他身穿浅灰挺括的半旧毛料中山装，看上去整洁而斯文。

邓颖超与林巧稚等人在亲切的氛围中交谈

顿时，她想起了那位穿灰布制服的夫人。

从此，她认识了周恩来、邓颖超夫妇。

接着，她又认识了彭真和张洁清。

当张洁清来协和分娩的时候，林巧稚并不知道她是北京市委第一书记、市长彭真的夫人。

她只是在接触中感到，张洁清修养很好，有一种大家风范。

后来彼此熟了，她才知道，张洁清果然出身于世家。参加革命前，她是北京女子师范大学的学生。

张洁清告诉林巧稚，她和彭真是在抗战期间结的婚。她的第一个孩子，生在一间露天的破教室里。当时，为了躲避敌人追击，孩子刚刚落地，就被抬在担架上匆匆转移。看到在山路上抬担架的老乡行走吃力，她把盖在身上的被子扔掉以减轻负担……那正是冰天雪地的数九寒冬，从此就落下了腰腿疼的毛病。

林巧稚对张洁清说，她并没有器质性的问题，身体的种种不适，按中国传统的说法，应该叫作"亏损"。

张洁清出院后，彭真特别邀请林巧稚到家里做客。

在台基厂附近的一座院子里，林巧稚看到了共产党领导干部的家庭生活。同时，她也看到了彭真、张洁清之间情深意笃的夫妻感情。

凡是在协和住院与林巧稚相处过的领导干部夫人，都对林巧稚有着极高的评价。她们很多人和她保持着终生的友情。

邓颖超在自己的职业革命生涯中，堪称阅人无数，可林巧稚给她留下的印象却独特而深刻。她曾不止一次地对人谈起："林巧稚大夫不是一般的大夫，她对病人有特别的吸引力。患者和她在一起，就无条件地信任她，信赖她……"

朱德的夫人康克清在一篇回忆林巧稚的文章中，更贴切地写出了林巧稚的品质。康克清谈道："她看病有个最大的特点，就是不论病人是高级干部还是贫苦农民，她都同样认真，同样负责。她是看病，不是看人……"

"她是看病，不是看人。"这就是林巧稚"有特别的吸引力"之处。这也是她赢得无论是下层平民还是上层人士一致爱戴、尊重的根本原因。

德兰嬷嬷是出生于前南斯拉夫的天主教修女，她一生都在印度救助穷人。1979 年，她获得了"诺贝尔和平奖"。一位美国国会议员问她："在印度这个困难重重的地方，你的努力到底会不会成功呢？"

德兰嬷嬷回答道："议员先生，我并非追求成功，我追求的是忠诚。"

现实生活中，苦难是一种客观存在——包括贫穷、灾难和疾病。

贫穷不是罪恶，灾难和疾病更需要救赎和同情。

正如德兰嬷嬷所说："今日世界最严重的疾病并不是肺结核或麻风病，而是被讨厌、被忽视、被遗弃的感觉。当代最大的罪恶是缺少爱与慈善，是对于街角正遭受痛苦、贫乏、疾病、伤害的人可怕的冷漠。"

真正的医学与宗教信仰有相通之处。它不应该被各种冰冷的仪表、器械所异化，也不应该被金钱、权势所左右。

真正的医学通向纯粹的境界，直抵人性渴望保护、渴望安全、渴望温情的脆弱本能。

二、一个孩子名叫"念林"

秋深了，风摇动着窗外的树枝，发出萧索的声响。

迷迷糊糊刚要入睡的林巧稚突然醒了过来。朦胧中，她似乎听见电话铃在响。

她侧身听了听，什么声音也没有。于是她又安心地躺下，闭上了眼睛。可是，她却翻来覆去再也不能入睡。

小马蹄表"滴答滴答"的声响十分清晰。她来回翻着身，又打开台灯看看表，已是深夜两点了。

家里楼上楼下十分安静。侄女、侄孙早已睡熟，不知哪个孩子在睡梦中发出含混不清的梦呓。

并没有什么挂心的事情，怎么会睡不着呢？

林巧稚把医院的人和事在脑子里过了一遍。

门诊、产房、病房……

实习医生、值班医生、总住院医生……

晚上临睡觉前，她还和叶惠方通了电话，把每个手术病人和产妇、待产妇的情况都问了一遍。任何环节都没有什么差池，可怎么总觉得有什么事情呢？

什么事让人这么不安心？

林巧稚传

深秋夜晚的月光把窗户玻璃映照成蛋青色，像是医院看 X 光片的荧光屏。

林巧稚一下子想起来了，是 204 床那个确诊为宫颈癌的患者。正是这件事让她在心底深处不能释怀。

患者名叫董莉，31 岁了，结婚 6 年才初次怀孕。怀孕数月有轻微出血的症状，她担心流产，来协和检查，结果发现宫颈处有乳突状肿物。

凡属特殊病例，门诊都会及时向林巧稚报告。

林巧稚又为董莉做了复查。她的宫颈状态确实不好，取活体组织做病理检查后，怀疑为恶性肿瘤。

这样的情况，依照惯例，必须尽快手术，切除子宫，防止癌肿扩散，以保全患者的性命。

切除子宫，手术并不复杂。可是，一旦切除了子宫，不仅胎儿不保，而且患者以后再无生育的可能。

为此，林巧稚迟疑了。

董莉向林巧稚讲述过自己的情况。

她的丈夫是家里的独子，婆婆和他们生活在一起。婚后她一直未生育，婆婆早就心生嫌隙，张罗着让儿子再娶个妻子。只因丈夫和她感情好，再娶的事一直没让婆婆如愿。她天天看着婆婆的脸色过日子，又心疼丈夫夹在中间受委屈。绝望中，她曾服药自杀，被丈夫发现救了过来。如今，好不容易怀了孕，无论如何也想保住这个孩子。

林巧稚也见过董莉的丈夫。他是北京农学院的教师，曾经留学日本，斯斯文文的样子，说话有很重的东北口音。他说："希望医生能保住妻子的生命，自己的生活不能没有她。"

林巧稚去图书馆查阅国外的资料，又反复研究董莉的病理检验报告。

她看到，病理切片不像通常的病变组织那样脆硬。检验报告的结论是：鳞状上皮呈高度增生。

那么，会不会存在另一种可能性呢？林巧稚想：细胞的分裂增生表明存在癌变的趋势或前兆，但有没有可能因为董莉怀孕，在体内激素的刺激下，特殊部位出现特殊反应呢？

为此，林巧稚组织了专家会诊。

她向各位专家陈述了自己的观点，就患者的身体检查情况及病理报告征询他们的意见。她特别提出，临床观察到，患者的症状和一般宫颈癌患者有区别。

病理专家对病理检验报告再一次做出分析后，审慎地说："目前，以医院的检查设备和试剂，对送检组织只能分析到这个程度。就国内外现有文献资料看，这类病变细胞，通常是向恶性发展。"

其他专家也认为，肿物生长的位置不好，发生癌变的可能性很大，一旦发生转移，将会导致不治。

....

这次会诊，按照大多数专家的意见，仍然决定手术。

患者董莉住在妇科病房，每天心绪不宁地接受各种检查。

刘炽明医生制订好手术方案，然后交给了林巧稚。只等她签字，就确定手术时间。

半个月过去了，林巧稚一直没签字。

她的签字，不仅关系到一个正在孕育的生命，而且关系到董莉一家生活的幸福。

她下不了这个决心。

夜深沉。

反正睡不着，林巧稚再也躺不住了。她索性翻身坐起，拧亮了台灯，披衣翻阅书籍文献……

K楼的妇科病房，董莉躺在床上，睁大着眼睛。

住院半个月了，医生开始说是观察，后来说要手术。从知道诊断结果的那天起，董莉就整夜睡不着觉。

她不知道自己的身体发生了什么问题。

自己怀孕后，全家人多高兴啊。婆婆的脸色不再那么难看了，丈夫听她说想吃果脯，天天变着样地买了一种又一种。来协和之前，她没有一点不好的感觉，只是有点见红，丈夫说要到最好的医院去看看，谁知一看就不让走了。可也怪了，从检查后，医生说她有问题，她就觉得整个身子哪里都不对劲儿。

"肿瘤""癌症"，这些字眼是那么难看，可怕，像看不见、摸不着的怪物，黑沉沉地压在她的心上，压迫着她的身体。她像是掉进一个又深又黑的大洞，不知会坠向哪里，一切都由不得自己……

丈夫待她真是没得说，总是安慰她说，手术了，就什么事儿都没有了。

只要人好好的，比什么都强。

医生每天检查得那叫细，特别是那位林主任，见着她就觉得打心眼儿里亲近。

只是，她觉得自己太窝囊，觉得对不起丈夫，觉得自己是个没用的女人。

夜，很长，很静。

董莉邻床的病床上发出一声长长的叹息。那位病友得的病叫"子宫内膜异位症"，疼起来忍不住在床上打滚。可董莉却很羡慕她，因为她已经生过两个孩子。董莉心想，只要能让自己生个孩子，就是痛死也心甘情愿。

董莉换了个姿势，让自己躺得舒服些。突然，她感到有什么东西在她身体里轻轻动了一下。她一动不动地躺着，静静地感觉来自身体内里的触动。她在刹那间意识到，这是另一个生命在自己的体内生长！

她想象着他的模样，这个不知是男还是女的小东西，像一棵小苗从土地里汲取养分一样，正从自己的体内汲取温暖和营养。这想法让她感到幸福的眩晕，又让她感到自己是那么孤独、无助。

"我的孩子，我的孩子……"董莉用被单捂着嘴哭了起来。

第二天一早，林巧稚来到医院。

她拿出董莉的病历，从头到尾翻看着，这已不知是第几遍翻看了。

她在那张"诊断自愿书"上停住了目光。

具自愿书人关君蔚太太，年31岁，北京市人。今拟入贵院就医，愿遵守住院规则，并许可主管医师为诊断瘤症起见，依患者所患症状得施用各项必要之医药方法（包括X光及镭剂治疗）。在医疗中设或发生变症或意外结果概与贵院无涉。

特此声明。

此致

私立北平协和医学院医院

具自愿书人董莉

住址西单中京畿道 15 号

证人鲍文哲

1949 年 11 月 28 日

为了避免医疗纠纷，凡是病症比较特殊的病人，都要与医院签署这样一份"诊断自愿书"。这只是薄薄的一张纸，林巧稚拿在手上，却觉得沉甸甸的。

护士长轻轻敲门，是查房的时间了。

查完房，林巧稚又一次给董莉做了检查。

她写下了这样的检视意见：

"临床观察患者的症状未见发展，其子宫软而富有弹性，与正常妊娠有相同特征。"

一个决断逐渐清晰而坚定地在她的心中形成。

科里医生开会的时候，她说出了自己的诊断决定：

从临床的观察看，患者的病症有可能是妊娠的一种反应。切除患者的子宫，是不能重复的试验。因此，对这位患者暂不手术，让她出院，安排定期检查，根据情况随时采取措施。

妇产科的医生都知道，只要是林大夫下决心做的事情，别人很难改变。

当然，林巧稚为她的这个决定承担着巨大的压力和风险。

暂不手术，可能会贻误治疗的时机。一旦出现不可逆的后果，纵然有千般理由，医生也负有不可推卸的责任。

患者离临产的时间还有数月，而各种险情的出现也许就在须臾之间。

哪个医生愿意承受这种风险？哪个医生愿做可能自毁声誉的事情？

毕竟，在这种情况下，立即手术是最没有风险的选择。按医学常规办事，无论出现什么问题，无论说到哪里，都与医生、医院无涉，任何人也都无话可说。

的确，医学常规是医疗普遍规律的总结。

可是，医生面对的是独特的"这一个"病人，而不是普遍的人群。

作为医生，遵循医学常规是必要的。可是，任何医学规则，都应该以人的幸福和尊严作为出发点和归宿。

临床医学中有个比喻，从某种意义上说，没有黑暗就没有光明，光明从黑暗中诞生。

医学领域的事情和社会生活中的许多事情一样，一些改变来自烛照心灵的信念，一些改变来自缓慢的、渐变的过程。

董莉做着出院的准备。她知道，自己有救了。

林巧稚对她一再嘱咐着要注意的事情：

细心观察自己身体的变化，严格按规定的时间来医院复查。

从今天起，不要做 X 光之类的检查，否则会损害胎儿的健康……

林巧稚拉着董莉的手，深深叹了口气说："我当了 20 年医生，头一回碰到你这样的情况。你把我的头发都愁白了。"

"回家后有什么不舒服，无论什么时候，都要立即来医院，立即来找我。"

这以后，每个星期五下午，董莉都会按时来到医院。

林巧稚一次次给她检查，一次次认真记录检查结果。事头完全证明了她的设想和推论，宫颈的肿物并没有随着孕程而发生变化。

董莉的预产期还没到，胎儿已经发育成熟。林巧稚决定，立即为董莉剖宫取子，中止妊娠。

手术顺利，一个体重 6 斤的女婴来到人世。

林巧稚接生过 5 万多名婴儿，图为家长送给林巧稚的部分孩子的照片

"孩子好，大人好，一切都好！"林巧稚走出产房，她微笑着，向焦虑地等在产房门口的董莉亲属道贺。

产妇盈睫的泪珠在无影灯下如钻石般璀璨，医生护士清澈明净的眼神闪烁着天堂的光芒……

……门敞开了，天使舞动着轻盈的羽翼来到人间。

孩子是母亲的天使，婴儿是人类的天使，那些迎接新生命的人，是守护生命的天使。

当董莉怀抱健康的婴儿出院时，伴随她整个孕程的宫颈肿物自然消失了。

几年以后，医学界得出了结论，董莉所患的宫颈肿物是一种特殊的妊娠反应，被称之为蜕膜瘤，虽然具有瘤的形态，却不是真正的肿瘤。

这一结论，至今在妇产科临床中广泛采用。

那个在林巧稚呵护中出生的女婴，父母给她起名为"念林"。

三、明朗的天

1950 年的夏天到了。

雕梁画栋的协和建筑刚刚全部重新油漆了一遍，空气中弥散着浓浓的信纳水气味。"油漆未干，请勿触摸"的牌子十分醒目地放置在楼门口和道路旁。

这一年，协和医学院和护士学校各录取了 25 名新生。

前不久，年度预算拨款已获洛克菲勒基金会认可。

林巧稚走在东单大街上。

有轨电车叮叮当当地从身旁驶过。电车站和店铺墙上到处张贴着标语，五颜六色的纸张上书写着"我们爱和平！""支持朝鲜人民！""反对美帝国主义的侵略战争！"

1950 年底，鸭绿江边燃起了战火。

中国人民志愿军赴朝参战，开始了抗美援朝战争。

1950 年 12 月 18 日，美国财政部门冻结了与中国所有银行的账户往来，冻结了划拨给协和的款项，所有准备运往中国的物资全部禁运。

1951 年 1 月 20 日，中央人民政府卫生部部长李德全、教育部副部长钱俊瑞来到协和向全院职工宣布：

从即日起，协和医学院由教育部和卫生部接管；协和医学院院长仍由李宗恩担任；学院经费由教育部拨付；学校标准不能降低，要办得比以前更好；教职员工原职原薪不动；学校发给学生人民助学金。

1951 年 4 月 19 日，协和医学院改名为中国协和医学院。

"抗美援朝"战争正在进行中，全国开展了"二反""五反"运动。接着，是声势浩大的思想改造运动。

思想改造运动的对象是知识分子。北京市委领导的一个工作组进驻了协和。

在工作组的计划中，林巧稚是一个重点工作对象。

林巧稚单纯的经历和性格、正派的为人以及她在协和的威望、社会上的影响，这一切决定了她被确定为一个"思想改造"的典型。

林巧稚办公室的门被推开了，一个年轻姑娘笑嘻嘻地站在她的面前。

姑娘叫吴宁，是林巧稚协和的老同学、老同事吴朝仁和沈骥英的女儿。

吴宁高挑、漂亮、聪明，正在协和上大学，她叫林巧稚"林阿姨"。林阿姨从小看着吴宁长大，像自己家的孩子一样亲近。

"丫头，你怎么跑到这儿来啦？"林巧稚高兴地问。

"我是来工作的，林阿姨。"

年轻的吴宁是医学院的进步学生，思想改造运动发动学生参加，姑娘被安排到妇产科来做林巧稚的工作。

姑娘给林巧稚谈形势，讲理论。林巧稚给姑娘摆事实，说历史。

林巧稚没把姑娘当外人，仍然是一贯的率直、较真。

姑娘很着急，她不明白，平时慈爱和善的林阿姨怎么如此执拗。

她毕竟年轻稚嫩，说着说着就按捺不住了："林阿姨，您瞧您，您怎么就不觉悟呢？美国人在中国办协和，分明是搞文化侵略嘛！这还不清楚？您得改造思想，站出来说话，揭发他们呀！"

"美国人办医学院，帮我们培养人才，我的医术就是人家教的。叫我揭发人家，这不是过河拆桥嘛！我在协和三十来年，治的病人都是中国人，我不懂这怎么叫侵略？改造思想，我是个医生，怎么改造？要把我改造成什么人？"

林巧稚的执拗只是出于她的单纯。她的这一性格特点，凡是和她有过较多接触的人都知道。协和工作队的领导当然也知道。

年轻的吴宁走了。

另一位在妇产科实习的协和学生刘士廉，被组织安排做了林巧稚的秘书。

刘士廉戴副眼镜，小伙子沉稳谦虚、低调稳重。

接下来工作组组长张大中也拜访了林巧稚。

林巧稚直截了当地说："你找我谈也没用。我不像年轻人，他们简单得像张白纸，可我在协和已经三十来年了。我这张纸上写满了字，这些字都和协和相关。现在让我抹掉这些字，感情上我接受不了。"

张大中平静地微笑着："你的纸上是写了不少字。可字与字也不一样，好的字为什么要抹掉呢？"

林巧稚听着这话还算顺耳，谈话继续往下进行。

在此之前，为了运动的顺利开展，协和工作队和党组织曾反复商讨，市委对协和的工作也十分关注。

北京市市长彭真听取了工作组的汇报，要求工作组对著名专家、教授一定要耐心，要等待，决不可草率行事。

彭真还专门问过林巧稚：工作组没有强迫你做什么吧？

一本本学习材料送到了林巧稚手中。

马克思、恩格斯的《共产党宣言》，列宁的《论党的纪律与知识分子的纪律》，毛泽东的《新民主主义论》《改造我们的学习》，刘少奇的《论人的阶级性》……

学习材料送来后，工作队队员们常常来找林巧稚，说是来向她请教、学习。

他们的态度是谦恭的，他们的尊重是真诚的，这让林巧稚感到不安。

一半是出于好奇，一半出于情不可却，林巧稚用休息时间翻看了这些著作和学习材料。对于书中的理论，她并没有完全理解。可她不能不承认，其中确实有些道理。

就这样，日复一日地接触、交谈，林巧稚的情绪不知不觉地放松下来，抵触的思想变为了解的兴趣。

"你们共产党是干什么的？"

"党和政府有什么区别？"

"组织里的人有没有自由？"

"为什么要改造知识分子？"

"旧协和有什么不好？"

…………

有时，她的问题近乎天真。她问工作组组长张大中："你又不在协和工作，你怎么会知道协和这么多事情？"

张大中回答道："我知道得并不多，了解这些事情主要是依靠群众。"

林巧稚第一次见识了群众运动的力量。

随着工作队的不断发动，院内的揭发也不断深入，揭发的面也越来越大，揭出的问题越来越触目惊心。各科的医生、护士都参与了运动，特别是那些人数众多、过去从来没有话语权的工人，在运动中特别积极。

他们的揭发让林巧稚看到，众目睽睽之下，一个人的确无处躲藏。

平日里，一个人"公德""私德"的任何不检点，这时都可能成为"全民共诛之"的罪证。

有些事情确实让林巧稚想象不到——

为了取得实验材料，居然有医生在病人身上打空针。

一部记录脑科某教授进行人体实验的短片，拍下了那些被注射药物的病人抽搐时的惨状。有工人揭发说：发病抽风的人把床上的铁条都拉弯了，被汗水渗透的被子能拧出水来。

这一切是真的吗？自己在协和院内工作、生活了三十多年，对这些事情居然一点儿都不知情！

但是，她相信自己的眼睛：

短短几年里，她生活的北京变得整洁、有秩序了。

城墙下堆积如山的垃圾、粪便被全部清理，污水横流的街道铺设了下水道。

过去街上衣衫褴褛的乞丐，如今被政府送回了原籍。

数以百万计的鸦片吸食者，接受了政府强制性的戒毒。

国家尽管处于抗美援朝战争时期，政府仍保证了城市的粮食供应和冬季取暖的煤炭供应。

新中国成立后短短的时间里，先后制定了《宪法》《婚姻法》。婚姻法禁止杀害女婴，禁止强迫婚姻和重婚、童婚，提出婚姻以自由恋爱为基础。

她不能不感叹，一个人的力量毕竟有限，而一个进步的、文明的社会制度，可以实现人的梦想。

让她感动的，还有那些她认识的共产党人。与其说他们说服了她，不如说是他们让她看到了一种新的气象、新的希望。这些人热诚、简朴，他们崇尚平等，追求一个没有压迫的社会。他们的道德理想，与她的信仰在某些方面有共同之处。

她想，自己只是个医生，从不介入政治。共产党这样看重自己，无非是希望自己这个搞专业的人能理解他们，理解他们所做的事情。如果说，这个政党、这个制度真能为民众造福，那么，自己为什么不可以"转变立场"，去理解、接受他们呢？

她在协和度过了三十多年的岁月，她不能把自己和协和切割开来。如果协和能和这个社会一同得到新生，自己为什么不能反省、洁净自己的灵魂，从"改造"自己开始呢？

当工作队员又来找她谈心时，她自言自语般地说："看来，这个桥是非拆不可了。"

工作队及时向北京市委汇报了林巧稚的思想动态。

市委派主管文教卫生工作的副市长吴晗来到协和，专门为林巧稚写学习体会和思想小结。

吴晗副市长为林巧稚写的思想小结共有一百多页。

协和召开大会，在大会上，林巧稚作为教授代表发言。她没有按照吴晗给她写的稿子讲，而是面对全院教职员工，坦诚地剖析自己。

她回顾自己的人生，讲述自己所走过的道路：鼓浪屿海滨少女的憧憬，考进协和北上求学的艰辛；旧协和苛刻的聘任合同与自己心甘情愿的付出；动荡时代医务人员的忧患和无助；新政权建立后自己的种种疑虑；共产党对

20世纪50年代林巧稚与年轻人合影

自己的耐心引导和帮助……

礼堂里坐满了人，其中一些人来自北京市的外单位。

林巧稚就要结束发言了，她带有福建乡音的普通话在礼堂里回响：

"……新出来的太阳比什么都好。我爱这灿烂阳光和这阳光下的美好生活。我不是那种过河拆桥的不义之人，但为了新的美好的生活，我们每个人都应该同旧协和来一个彻底的告别，向新生活欢呼和致敬……"

林巧稚的眼中有泪光闪烁……

在场有许多"老协和"，他们有人悄悄拭去了眼泪。

正在协和体验生活的剧作家曹禺走上前去，他拉着林巧稚的手，连声说："您讲得真好，林大夫，谢谢您！"

会后，工作组要林巧稚把发言稿整理成一篇文章，发表在《人民日报》上。

打开"协和"窗户看祖国

过去三十多年，我从"协和"窗户内看祖国，炮声愈响，我把窗户关得愈紧。这一回，什么动力叫我自觉自愿地打开"协和"的窗户，看见了我们可爱的祖国呢？

1921年我怀着"不为良相，当为良医"的愿望以及对"协和"的美慕，不顾一切困难，离开家乡福建，到了北方，考进"协和"，很为得意。30年前一个女学生从厦门到北京"协和"，不是一件小事。从第一天起，我就怕念不好书被刷掉，所以死读书。唯一的目的就是要每年考试及格，毕了业，成为一个高级的技术家。

1929年毕业后，留校工作……"协和"就是我唯一的小世界、小国家。

1941年12月8日，日本侵略者占领"协和"，我初步感觉到个人生活离不开国家。在沦陷时期尝到亡国奴的滋味，日夜盼望抗日胜利。胜利的消息传来，我欢欣鼓舞，满腔热情地决心为祖国服务。但在很短时间内，国民党政府的腐败，使我对这个政府完全失掉信心，对祖国复兴灰心失望。

1948年回"协和"妇产科工作，对政治不闻不问，一心一意从医、教书。

新中国成立以后，我对人民政府也采取怀疑、观望的态度，认为哪个政府都是一样的，换换门面而已。我们学技术的干脆离政治远一点好。但是，我从"协和"窗里也看到解放军纪律严明，有高度的爱国精神，能吃苦耐劳；我看到短时间内物价平稳，交通迅速恢复，到处都在建设，人民事业不断发展。从这一连串的事实，我开始认识这个政府与从前的政府不同，是为人民做事的政府。

……我觉悟到共产党与人民政府是为人民服务的，以人民的利益做衡量的标准。就是这个真理感动了我，唤醒了我，使我打开了三十多年关紧的窗户，伸出头去歌唱"我们亲爱的祖国，从此走向繁荣富强"。我决心更好地为人民服务，为广大人民谋幸福。

林巧稚为人单纯热情，她的心灵不蒙尘垢。在"思想改造运动"中，她经过一番对自己的清洗，得到了方方面面的认同和肯定，成为当时有影响的知识分子完成"思想改造"的典型。

林巧稚为自己当初没去参加开国大典而后悔。她专门去王府井新华书店，买回一幅董希文的油画印刷品——《开国大典》，配上画框，挂在客厅。

著名剧作家曹禺，根据协和的"思想改造运动"，写出了 4 幕 7 场话剧剧本《明朗的天》。北京人民艺术剧院把这部话剧搬上了舞台，由著名导演焦菊隐导演，著名演员刁光覃出演男主角。

据说，剧中的主要人物凌士湘，就是以林巧稚为原型创作的。

《明朗的天》是一部图解政治的概念化作品。

对此，曹禺自己也感到很沮丧。

《明朗的天》上演后，专门邀请协和的代表去观看了演出。

林巧稚也去观看了这出话剧。

我们无从知晓林巧稚对剧中情节、人物的评论。她没有留下任何观后感。

在很长时间里，林巧稚对本专业之外的领域很少发表言论。对于这部话剧，以她的习惯，同样会不加评论。

也许，她会想，这只是一出戏。

小周琳蹑手蹑脚地走进了姑婆林巧稚的房间。

林巧稚还在睡觉，她脸朝里侧身躺着，一只胳膊露在被子外面。

这间房子在二楼的东南角，窗外的杨树已高及房檐。

周琳是懿铿和华康的女儿，她还在读小学。

这是个星期天的上午。父母出门时，特别交代周琳，姑婆昨天半夜接到电话去了医院，天快亮才回家。叫她不要练琴，不要吵，让姑婆好好休息。

楼下没人，屋子就显得特别安静。周琳在自己房间玩了一会儿，又在客厅翻了一会儿《苏联画报》，一个人待着实在没意思，她上楼来到姑婆的房间。

姑婆的房间总是清清爽爽，所有的东西都放在固定的地方。

屋子里摆着两张单人床。姑婆个子小，床就显得长，她睡觉时总是把衣服叠得整整齐齐，放在床尾空出的地方，直到她第二天起床，衣服仍整整齐齐地放在那里。

姑婆的床的两侧，一边是写字台，一边是床头柜。床头柜上的电话，白天放在走廊上，夜里就被姑婆挪进了屋里。医院的人常常夜里打电话给姑婆，说的都是病人的事情。

周琳在屋子里转了一圈儿，找不着什么好玩的东西。写字台上有一沓写满了字的稿纸，她知道那是不能动的。柜子里码着好多书，许多是外文的。床头柜上，一本翻开的书上还压着眼镜。她拿起台灯旁的一枚胸针，这一定是姑婆睡觉前才摘下的。

胸针呈椭圆形，淡淡的天蓝色的底色上，一只白色的和平鸽衔着橄榄枝在飞翔。

周琳听妈妈说过，这是毕加索画的鸽子，看上去简单又可爱。

学着姑婆的样子，周琳对着穿衣镜把胸针别上自己衣服的领口。穿衣镜在壁橱旁边，窄窄的，一道阳光从窗帘的缝隙处斜射在镜子上，亮亮的有点晃眼。

她在镜子前照了一会儿，胸针沉甸甸地往下坠。

一只麻雀落在窗台上，喳喳喳地叫着。她想去逗麻雀玩儿，赶紧把胸针摘了下来。

就这样玩了一会儿，屋子里还是没动静。

她轻轻地叫了一声："姑婆！"

她盼着姑婆快点起来，她最乐意跟姑婆玩。姑婆的手巧，会编好多好玩的小玩意儿。姑婆还爱说笑，爱弹琴唱歌。她的钢琴是妈妈教的，可每次练琴不顺利，都是姑婆帮她。姑婆站在钢琴旁，一小节一小节地听她反复弹奏单调的练习曲。她弹好了，姑婆就会夸奖她，夏天还会给她买冰激凌吃。

可是，姑婆怎么还不醒呢？

她试着推了推姑婆。可姑婆躺在那里，一动也不动。

突然，她想到了"死"这个可怕的字眼儿。姑婆不会死吧？

"姑婆！"她忍不住提高声音叫着，抽抽搭搭地哭出了声。

"啊哈！"林巧稚一掀被子坐了起来，"一早上就来闹我，哭什么？"

小周琳立刻破涕为笑："叫您您怎么不出声儿？"

林巧稚一边动作快捷地穿衣服，一边笑嘻嘻地说："早就给你闹醒啦！我就是想看看，我那么爱你们，看你们爱不爱我。"

林巧稚一边收拾屋子，一边和小周琳商量今天要做些什么。

楼下的餐桌上，有侄女懿铿给她准备好的早点。星期天，是厨子老王休息的日子。每到这天，都是家里人自己做饭。

林巧稚传

闲暇时，林巧稚与侄孙辈在一起 　　　　　　　林巧稚在辅导侄孙女周琳弹钢琴

　　林巧稚冲上一杯热咖啡，对小周琳说，该是螃蟹上市的时候了，一会儿去逛市场，中午好好做两个菜。

　　周琳跟在姑婆身后，快乐地蹦来蹦去。难得姑婆有闲暇的时间，只要和姑婆在一起，她就特别开心。

林巧稚参加各种会议和活动的证件

　　这一时期，林巧稚有了许多新的社会身份，时常要参加一些社会活动。

　　1953年，她当选为中华医学会妇产学会主任委员。当选为中华全国妇联执委，北京市妇联副主任。

　　1954年，当选为第一届全国人民代表大会代表。

1955 年，当选为中国科学院学部委员。她是当时学部中唯一的女委员（即后来的院士）。

刚开始，她还不大习惯这些新的社会角色。开会时间一长，她心里就着急。常常是会议一结束，她就直奔协和妇产科。只有穿上白大褂，回到她熟悉的环境中，她才觉得重新找回了自己。至于那些世人眼中成功的标志和声名，她看得并不太重。

她总是对同事说："我是一辈子的值班医生。"

这不是她的自谦之词，妇产科的工作是她与这个世界建立联系的通道，这是她用大半生心血建立起来的通道。回到"值班医生"的角色，她得心应手，说什么，做什么，一切都清楚而明晰，完全是属于她的世界和天地。

"一辈子的值班医生"，是她对自己的人生定位。她的工作和生活，因此简单而丰富、充实而宁静。

1953 年 5 月，林巧稚作为中国医学代表团成员到奥地利参加世界医学会议。

会议结束后，代表团应邀飞莫斯科，对苏联进行为期一个月的参观访问。

苏联幅员辽阔，代表团的活动时间安排得很满。林巧稚专门去苏联的妇产科医院，参观学习了"无痛分娩法"。

1953 年林巧稚出访苏联时的场景

在与苏联同行的交流中，她对"无痛分娩法"有了新的认识。

回想起来，她不免有些惭愧。新中国成立初年，在一切向苏联学习的号召中，卫生部也要求各医院学习苏联的无痛分娩法，还要应用于妇产科临床。林巧稚对此很有些不以为然。她认为，学习苏联是政治上的事，医学科学最好不要和政治扯在一起。以她对医学科学发展状况的了解，苏联的医学水平还远远落后于英美各国。她想，如果让别的医院学习苏联，倒也未尝不可，而让她的妇产科向苏联学习，就未免有些不伦不类。

的确，对任何事物的认识，都需要一个过程。

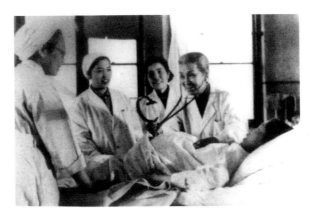

林巧稚在为产妇做产前检查

协和妇产科的医生护士都知道，林大夫对产妇有特别的安抚作用，或者可以说是魅力。

——待产室里，产前剧烈的阵痛让产妇们有的乱喊，有的呻吟，她们的痛苦是真实的，她们觉得自己受不了、挺不住了……

可是，只要林巧稚一走进产房，甚至还没有走进产房，只要听见她的脚步声，产妇们立刻就安静下来。

——有的产妇难产，看上去已筋疲力尽。这时候，只要林巧稚来到产妇床前，查查胎位，听听胎心音，拉着产妇的手轻轻说一声："别怕，没事儿"，顿时，产妇就像换了个人，她害羞地微笑着，不再哭叫，不再提各种要求，产程居然也加快了，顺利了……

——在妇产科，林巧稚不允许医生和护士用话语刺激产妇。她总是告诉年轻的医护人员，产妇不是病人，产妇是需要特别关心和帮助的人。

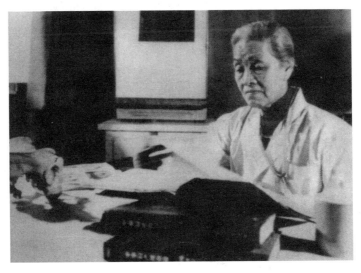

林巧稚在工作

——协和妇产科的医生分析过这一现象。他们感叹，林主任确实像是产妇的保护神。产妇只要知道林主任在这里，就知道她们再不用担心什么。她们心安了、放松了，产程也就顺利了——这大概就是精神变物质吧！

林巧稚清楚地记得，二十多年前，当时协和的妇产科主任惠特克曾讥讽她说："林大夫，你以为拉拉产妇的手，给产妇擦擦汗，就能成为教授吗？"

如今，在苏联，林巧稚目睹了"无痛分娩法"的全过程。

如果用巴甫洛夫生理学、心理学来解释"无痛分娩法"的话，可以为"拉拉手、擦擦汗"的作用找到理论依据。

分娩时，产妇的激动、恐惧或其他情绪，使大脑中枢神经过度兴奋，而过度的神经活动导致宫缩不规则，产妇更易疲劳和疼痛。而这时，医护人员如有不适当的言行，就会刺激产妇的不良情绪，增加分娩的痛苦；而良好的指导，亲切的言行，会产生良性的生理调节作用。

从苏联回国后，林巧稚开始在协和妇产科推广"无痛分娩法"。

有人对她"亲苏"的转变表示惊讶，她说："对待科学，不能仅凭自己的好恶，不能掺杂个人的感情色彩和杂质。只要是对我们有帮助的做法和技术，不管是谁的，都应当吸收到我们的产科技术中来。包括给产妇以情感上和身体上的支持，使她在临产时，是清醒、主动的参与者，而不仅仅是将她的身体交给助产者掌握。"

1949年以后，新中国和美国及西方世界断绝了往来，只与苏联等社会主义国家保持着关系。林巧稚为了了解外部世界在学科领域方面的动态和进展，自己开始学习俄语。

她已年过半百，工作又那么忙，不知道她是怎样记住那些语法和单词的。

总之，一年多以后，她已经能够翻着词典自己查阅俄文的医学书刊了。

20世纪50年代中期，社会生活安定了下来，国家正在宣传落实第一个五年计划，林巧稚也开始落实多年的设想和心愿。她根据世界妇产科学的发展趋势，着手协和妇产科学科的建设。

林巧稚对妇产科每位医生的能力和专长了如指掌，她根据每个人的特点对他们的专业发展做出了分工。

林巧稚传

她决定由宋鸿钊、夏宗馥等大夫负责绒癌的研究和治疗，由连利娟、吴葆桢等大夫负责研究妇科肿瘤，由葛秦生大夫负责生殖内分泌的临床研究，由王义彬大夫与姜梅、尤娴玲、许杭等大夫进行产科研究……

林巧稚毫无保留地奉献出了自己的积累——多年临床的资料、数据以及成功的经验和失败的教训，她希望年轻的后来者在此基础上往前走。

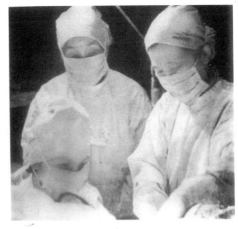

林巧稚（右二）与连利娟（右一）在手术台上

多年以后，林巧稚已经长辞人世，而她带出的协和妇产科却进入了全盛时期。他们中有的人成为医学院妇产科系的主要负责人，有的人成为学术上卓有成就的专家，还有的人在科研上取得重大突破，达到世界先进水平。

1956 年的春天，空气中弥漫着淡淡的槐花香。

北京儿童医院刚刚落成，医院位于西城的复兴门地带。

原协和儿科主任诸福棠，出任了北京儿童医院的院长。他感到骄傲和自豪，号称世界上最大最好的儿童医院——美国波士顿儿童医院，也只有 400 张病床，而他负责的这座儿童医院却有 600 张病床。

高大魁梧的北京市市长彭真又一次来到了协和医院。

一幅幅新北京的建设蓝图，正在他的手中徐徐展开。

彭真市长告诉林巧稚，国务院已经批准，要在北京建一座相当规模的妇产医院。"就建在儿童医院旁边，你看怎么样？"彭真兴致勃勃地说，"那里正好有地方，搞建设方便。妇女、儿童，两方面联系也最密切。"

"不行，不行！"心直口快的林巧稚急忙表达了不同意见。

她不是说建妇产医院不行，而是说选这个地址不行。

林巧稚一口气说出了自己的看法："妇产医院建在城外不方便，孕妇上医院太费事。生孩子常常在夜里，那是刻不容缓的事情。医院最好建在市中心交通方便的地方。"

彭真踌躇了片刻说："市中心地方不好找，拆迁起来比较麻烦。不过，你说的有道理，这个问题要重新考虑。你看这样好不好，你是妇产科专家，你来选地点，再考虑一下医院的布局设计和规划。"

林巧稚急了："我哪有这本事。让我接生孩子还行，让我接那么大一座妇产科医院可不行。"

彭真笑呵呵地说："当然要给你配各方面的专家，大家一起商量着办。眼下重要的是先把地址定下来。"

第二天傍晚，彭真夫人张洁清等林巧稚下班后，就和她一道，乘一辆小车在北京城转悠。她们走一处看一处，比较着、想象着，仍然没有找到理想的地点。

接下来的一段时间，林巧稚天天下班后就在市中心的大街小巷走来走去。

她终于在一条叫骑河楼的街道停住了脚步。小街不长，位于故宫的东侧，离王府井大街很近。从小街走百十步就是通往南北城的主干道，交通方便自不必说，最好的是这里地处市中心却并不嘈杂。居住在城市东、西、南、北的人，来这里都很方便。

林巧稚对选中的地点实在太满意了，她迫不及待地告诉了市长彭真。

很快，筹建妇产医院的班子组成了。原来在市妇幼保健院工作的陈本真，被指定为筹建小组的负责人。她一趟趟地来找林巧稚，商量妇产医院的事情。

设计草图出来了，陈本真和设计师来到林巧稚家征求她的意见。

林巧稚给客人递上水果茶点，戴上花镜细细审视着图纸。

设计师还年轻，他一边指着图纸，一边对林巧稚说："有些地方我还拿不准，产房的布局应该是分散还是集中？房间以多大开间为宜？婴儿室与产房的位置应该怎样安排？……"

林巧稚说："我关心的是产房和婴儿室。产房应该像手术室一样集中，这样人力、物力调配起来比较方便。产房的开间可以小一点，不要像一般病房那样搞成大开间，那样会互相干扰。婴儿室也要小一点，这样可能要多花些面积，但为了产妇和婴儿考虑，我看还值得。"

陈本真点着头，赞同老师的意见。

林巧稚指着图纸又说："我还有点建议，一个是在婴儿室里搞个哺乳室，大夫们可以在这里指导初产妇怎么喂奶、怎么带孩子，产妇们也可以到这里来活动活动。中国的老习惯是生了孩子多少天不能下地，我看这不是什么好习惯。生下孩子 24 小时后，能下地的就可以下地走，这样有助于子宫收缩恢复。

"再一个，在接生室的上面能不能设计个观察台？这样，学生就可以在上面观摩、学习。过去我们都是在接生室里让学生观摩，地方小，学生看不清楚。再说，人一多也影响工作。

"还有，我觉得产房的床、椅这些用具要专门设计。现在医院的病床都太高，这样医生看病方便，不用太弯腰，但产妇们上上下下却不方便。

"产房的床要设计得低一些，让产妇容易上下床活动。喂奶的凳子也要专门设计，要让产妇坐着喂奶时舒适、自在。"

…………

年轻的设计师心里暗暗赞叹，这位林大夫举止文雅，神态安详，她对产妇的生理特点是如此谙熟，说出话来句句中肯。

他一字不落地记下了林巧稚的意见。

3 年后，北京妇产医院落成。

林巧稚是医院的名誉院长。何香凝为妇产医院题写了院名。

开院仪式定在 6 月 6 日。

林巧稚穿上自己最喜欢的浅蓝色凡尔丁旗袍，她来到自家的院子里。6 月的阳光泼洒在每一个角落，满园植物恣意生长，这些花草全都是她亲手栽种的。月季开得正艳，如同一张张笑脸。几盆茉莉枝繁叶茂，洁白的花朵在枝叶间闪烁。看上去虽没有夺人的颜色，却是清芬纯正。

她挑选了一大盆开得最盛的茉莉，带到了医院，放在门厅的花丛中，作为自己的献礼。

四、塞外来信

正午的阳光照在办公桌上，妇产科病区很安静。林巧稚戴着眼镜，一封封拆阅着面前的一堆来信。

林巧稚每天都会收到许多从全国各地寄来的信。有痊愈的患者向她表达谢意，有分到外地的学生向老师问候，更多的是各地的患者慕名写信给她，

林巧稚收到的来自全国各地患者的信件

向她求医问病……

　　她很惊讶，居然有这么多人给自己写信。信封上显示的地址，她不仅没有去过，许多地名都是第一次听说。可是，那些地方居然有人记挂着她，在信中跟她诉说自己的事情。那些都是女人的隐私，或许连对自己的丈夫也不愿意多说。读着一封封来信，如同在读许多人的生活，这常常让她感动。于是，只要有时间，她总是要自己拆阅、自己回复这些来信。

　　人活在世上，心灵总要有一个安放的地方。什么事情能让他倾情投入，什么地方有需要他、让他放不下的人和事情，那个地方就是他的爱和牵挂所在。心灵有了去处，人生也就有了责任感和幸福感。

　　林巧稚的生活由她的工作、她的病人组成。

　　她怎么能不知道，即使自己分身有术，工作也永远没有尽头。可是，那些期盼的目光和话语，那些认识或不认识的许多人，就是让她停不下脚步。那种被需要、被信任的使命感，让她与许多人的命运联系在了一起。

　　林巧稚看信和回信从来不随便应付。

　　——这封信里还夹着一张照片，照片上了水彩，一个胖乎乎的男孩咧着嘴笑得一派天真。

林巧稚看了信，才想起这是那位河北的患者。她患有多发性的子宫肌瘤，婚后多年不孕。林巧稚为她做了手术——剔除了肌瘤，保住了子宫——她的孩子都这么大了！

　　林巧稚满意地叹了口气，把照片收了起来。她家里有很多这样的照片，已经夹了厚厚的几本相册。偶尔没事时，她会翻看一下，再把新的照片夹上去。

　　——这位患者是部队家属，信封上的落款是"中国人民解放军三七五〇三部队政治部"。林巧稚在信封上注明："病，功能性出血。"然后，她又在这行字下面画了一道。凡是她画了记号的，都是需要进一步了解病情予以帮助的病人。

　　——在湖北省武昌市洪山区水文局寄来的一封信的信封上，她注明："卵巢囊肿。"

　　——在浙江奉化人民医院妇产科转来的信上，她注明："结婚5年，病，不孕。"她在"病"字下面重重地画了一道，又打了个问号。究竟是什么原因导致这位妇女不孕，来信说得不清楚，还需再去信了解病因。

　　——她看完陕西省宝鸡市的一封来信后，在信皮上注明："请绒癌组提意见。"绒癌组的负责人是妇产科的宋鸿钊大夫，他对绒癌的研究治疗已经取得了可喜的进展。

　　——一封来自内蒙古自治区的信让林巧稚久久地停住了目光。来信人名叫焦海棠，是一位生活在内蒙古自治区包头市的女工。她怀过4个孩子，除了头胎小产外，其他3个孩子，都是出生后全身发黄而夭折。现在她又怀上了第5个孩子，渴望做母亲的她，在担忧和期盼中给林巧稚写信求救。

林巧稚主任：

　　大家都知道您是全中国有名的妇产科专家，我和我的爱人、我们全家向您求救。我是怀了第五胎的人了，前四胎都没成活，其中的后三胎，都是出生后发黄夭折的。求您拯救这还没有出生的第五胎，求您伸出热情的手，救救我这腹中的胎儿。

　　…………

焦海棠来信诉说的症状不难判断，她的孩子患的是新生儿黄疸，又叫新生儿溶血病。这是母子之间因血型不合而引起的同族免疫性疾病。

　　在当时，新生儿黄疸在国内尚无存活的先例，国际上也罕有完全治愈的记载。

　　这封来自塞北的信让林巧稚颇为踌躇。她不是不想帮助这位名叫焦海棠的母亲，事实上，她不得不承认，世上还有那么多让医学无可奈何的疾病。

　　林巧稚很为这位母亲难过，她提笔给焦海棠写了封回信。回信中，她字斟句酌，十分审慎："……还是请你就地生产，就地治疗为好。"

　　既然没有治愈的把握，何必让一个孕妇在内蒙古自治区与北京之间来回奔波，白白受这份儿折腾呢？

　　看过的信，注明病情，写上自己的意见，她会分别交给秘书和妇产科的同事处理后续的事情。只有信上的事情有了交代，她才会感到心安，才觉得对得起写信的人。

　　堆在办公桌上的信还没看完一半，又到了上班的时间。她把没拆封的信收拾在一起，准备晚上回家后再看。

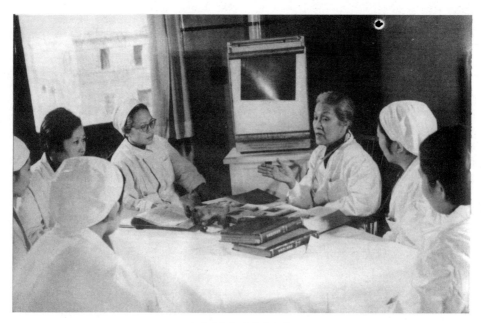

林巧稚在妇产科办公室

林巧稚传

她每天的时间都排得很满，单是拆阅这些信件，就要用去她许多休息时间。

已婚的女人在怀孕时，都有过类似的体验：在对未来宝宝的想象中，最大的焦虑是胎儿是否健康。那焦虑伴随着身体的变化，一天天缠绕着女人。各种可怕的想象，让女人在孤独的夜晚大睁着眼睛。她们默默祈祷，一直到婴儿诞生。

孕育中母亲的忧虑强烈而真实，生命毕竟是一件让人敬畏的事情。

许多先天的、遗传性疾病，如果没有预先防范，就会造成无可挽回的伤害和痛苦。即使成百上千个母亲中只有一例，对这个母亲和孩子来说，却是百分之百的灾难。

林巧稚在长期对妇产科疾病的研究治疗中，非常重视对遗传性疾病的研究。

遗传性疾病是一种和血液有关的先天性疾病，和一般疾病相比，它具有先天性、终生性的特点。遗传病的传递不仅可以发生在下一代，而且可以隔代相传。

这种疾病像是定时炸弹，深深潜伏在人体内。

值得庆幸的是，如今，很多遗传性疾病可以通过婚前检查或早期妊娠检查得以避免。

内蒙古的焦海棠在来信中述说的病例，就是因为他们夫妻双方血液中不相容的因子，使胎儿产生了抗体，形成新生儿黄疸而致命。

现在，这是在婚前或早孕的遗传检查中可以避免的悲剧。

林巧稚没想到，焦海棠以西北人的执着，在收到林巧稚的回信后又连连来信。

"林大夫，请求您拯救这个生命！……"

"林大夫，请求您'死马当作活马医'。治好了更好，治不好也尽到了医生的责任！……"

读着这样的信，林巧稚再也不能平静：一个失去了4个孩子的母亲，该是怎样的绝望和痛苦，才能说出"死马当作活马医"的话来呢！

一连几天，林巧稚下班就钻进图书馆，她遍查世界各国的最新医学期刊，仔细搜寻着新生儿溶血病的点滴资料。

那段时间，她无论干什么，都在想着新生儿溶血症。

受孕的母亲和子宫里的胎儿，虽然各有自己的循环系统，但母亲与胎儿的血液通过胎盘会有部分交换。如果胎儿从父亲继承的显性血型抗原恰恰是母亲所缺乏的，那么，这种抗原由胎盘进入母体，便会刺激母体产生免疫抗体。这些抗体通过胎盘又传给胎儿，与胎儿的红细胞结合，使胎儿红细胞被破坏而发生溶血……

国外期刊偶有治疗相同病例的报告，只说是采用婴儿脐带换血的方法。可是，换血后成活的胎儿情形如何，有关手术的详细过程等，几乎没有报告。

人回到家里，心却在别处。她有些神不守舍，坐在饭桌前，吃什么都没胃口。夜里睡不好觉，早上起来脸色发黯，眼睑浮肿。

周华康和林巧稚交换了看法。作为一位优秀的儿科专家，他深知这是个棘手的病症。他曾想劝说林巧稚，既然世界各国都未能攻克，接收这样的病人未免太过冒险，更何况作为一个已经声名卓著的医生，这样的病人即使治好了，对她来说不过是增加一个成功的病例；可一旦失败，就可能带来种种无法预想的评价和后果。

但是，林巧稚从不这样考虑问题。当一个母亲向她求救，她无论如何也做不到背过脸去。于是，周华康一边担心，一边查找各种资料和病例。尽管明知困难重重，但只要三姑下了决心，即使作为同行，他也要尽力支持她，帮助她。

通过婴儿的脐带换血，应该是可行的方式。可是，这样大的手术究竟该怎样做？具体的解剖位置在哪里？如何确定手术的切口？这许多重大问题，没有任何文献和先例可寻。他们决定分头着手试验和准备。

懿铿早已习惯了这样的情形，她知道又有了让他们犯难的病例。在她的生活中，她最爱的两个人——她的丈夫和她的三姑，都是没日没夜守着医院的人。每逢这种时候，懿铿总是不声不响地站在他们身后。她安排好家里的事务，不许孩子去打扰他们。她的细致和体贴，让他们在医院能够心无旁骛，一心一意。无论他们成功还是失败，一旦回到家里，总是有温暖的等候和安宁。

一首好听的儿歌一遍又一边地响起，那是院子里正在跳皮筋的孩子们在唱歌，她们稚嫩的声音吸引了正在写信的林巧稚。

草原到北京哪要走多少天，

草原到北京哪要走多少里，

跨上红彤彤的枣红马，

穿上白生生的羊毛衣……

儿歌旋律简单流畅，乍听很明快，可再听就有一种说不出的惆怅和忧伤。

听着孩子们的歌，林巧稚再次给焦海棠回信：

连续来信对我震动很大，使我彻夜难眠。我把一夜的思考同一些医生商量了，得到了大家的支持。……上次回信，回绝了你的要求，一定为你们家庭增添了思想负担，为此，我向你们全家表示歉意。

如今，我收回以前"爱莫能助"的片面想法，考虑接收你来我们这里生产。希望你收到信后，做好来京前的准备。最好在足月前，适当提前一点来我们医院办理住院手续，预防途中早产，措手不及……具体治疗方法还需等你来后，经过详细检查，再与你共同商讨制定。望多保重。

…………

通过脐带换血、治疗新生儿溶血的准备，在有条不紊地进行。

临近12月，北京遭遇寒流，气温骤降。那是个少有的严冬。

焦海棠在预产期前来到了协和。她结实健硕，有着塞北草原妇女黑红的脸颊。她入院后，林巧稚几次组织会诊。妇产科、儿科、病理科、血液科、外科，专家们的意见汇集在一起，制订对新生儿进行全身换血的方案。

一切都做了充分的准备。血库根据林巧稚的提血申请，准备了可供使用的12瓶血浆。

酷寒的冬日，天空下起了细碎的冰屑，路滑人稀。

焦海棠临产时，林巧稚、周华康和其他手术医生整夜守候在医院里。

清晨5:50，在协和温暖的产房，焦海棠顺利生下一个2900克重的男婴。

婴儿娩出后，母亲出血少，宫缩正常，胎膜完整，血压、脉搏稳定。

产后处理有条不紊地进行：新生儿的肚脐上，留出了15厘米长的一截脐带。

接下来的一切都在预料中。

几个小时后，婴儿脸上的皮肤开始发黄。过了中午，婴儿浑身黄疸逐渐加深。

姜梅大夫向林巧稚主任报告：婴儿血液中，RH 呈阳性，含抗体胆红素升高。出生时红彤彤的新生儿变成了黄疸色。

"通知血库，按原计划配血待用。"林巧稚沉稳地启动了手术方案。

这时，已是晚上 9 点钟。

血库为减少血液中钾对婴儿的影响，配制了最新鲜的血液。待用血液保存在 37 摄氏度的恒温箱里。

王文彬大夫为病儿实施换血手术……

切开脐静脉后，每分钟抽出 15 毫升病血，再滴入 8 毫升新鲜血液，外加补进钙液。一切都经过反复的讨论和精确的计算。

突然，病儿一阵躁动。

林巧稚把暖在手心里的听诊器轻轻贴上婴儿的胸腔。她举起一只手向王文彬大夫示意，她的拇指和食指慢慢地张开，又慢慢地合拢，动作轻柔得像是电影里的慢镜头。

王文彬大夫会意，抽血、输血的速度慢了下来。

守候在一旁的儿科专家周华康教授监护着婴儿的生命体征。他们看到，躁动的婴儿平静了下来。

凌晨 1:50，400 毫升新鲜血液输入了新生儿体内。婴儿安静地睡着了。

医生们并没有离开，他们知道，新生儿体内还残留着自身的血液，病情还会反复。

果然，十几个小时后，婴儿身上减退的黄疸又浸润了皮肤。

按原定方案，林巧稚决定，为婴儿第二次换血。换血手术由姜梅大夫实施。

姜梅有了上次换血的经验，她缓缓地抽，缓缓地输，又是 400 毫升新鲜血液输入了婴儿体内。

太阳升起又落下，不觉已过去了两天两夜。室外寒气袭人，病房里温暖如春。

观察期过去了，婴儿的黄疸症状消失了。

首例新生儿溶血病手术很成功，患儿获得了重生。

婴儿满月了。妇产科的医生送他们母子离开医院。幸福得晕晕乎乎的母亲焦海棠，抱着儿子回到了内蒙古自治区。夫妇俩为孩子起名为"协和"。

林巧稚安排姜梅大夫定期随访，关注那个叫"协和"的孩子身体的一切情况。

在塞北广阔的蓝天下，迎着凛冽的草原风，小"协和"欢快地成长，身体、智力发育状况良好。

多年后，当年的小"协和"已经长大成人，医学对新生儿溶血病的预防和治疗也有了突破性的进步。

五、拒斥与坚守

在协和医院妇产科门诊，一位年轻的值班医生和一位孕妇吵了起来。

孕妇怀孕两个多月，要求做人工流产。医生在问诊中了解到，她在几个月前刚刚做过一次人流手术。医生拒绝了她的要求，可是这位孕妇根本不听医生的解释。

她情绪很坏，浅褐色的孕斑涨得通红。她从提包里掏出一张当天的报纸，"啪"的一声摔在医生面前，报纸上登载有卫生部放宽人工流产限制的通知。她的嗓音因气愤和紧张而变得尖锐、高亢：

"你们就是怕麻烦！我一不犯法，二不违纪，你们凭什么让我走？大老远来你们这儿容易吗？我今天就是非做不可！"说着，无限的委屈涌上心头，她哭了起来。

林巧稚来了，她示意年轻的值班医生不要吵，轻声对这位孕妇说："你跟我来，我们不要影响后面的人看病，好吗？"

看着这位比自己母亲还要年长的医生，孕妇止住了哭泣，跟她走进旁边一间诊室。

经过一番询问，林巧稚很快了解到她的情况。

她今年 30 岁了，丈夫是个干部。结婚 10 年，已经有了 4 个孩子。本来她在一家工厂上班，因为几个孩子没人带，只得辞去工作。家里除了床，什么家具也没有。现在最小的孩子才满两岁，没想到又怀上了，只想赶紧做掉拉倒。

说着说着她又急了："刚才那大夫几句话一说，就让我走人。我走了，找别的医院还是要做！"

林巧稚深深地叹了一口气，合上病历对她说："我很同情你的处境。可是，我还是得告诉你，我们那位大夫说得没有错。你这种情况，确实不适合再做手术。"

说着，林巧稚的神色严肃起来。她讲解了手术可能导致的问题后说："不想怀孕，为什么不注意避孕呢？你才做了手术不久，身体经不起这样反复折腾。再加上你还有妇科炎症，我们这里不能给你做，你也不要跑到别处去做。先吃点消炎药，过一段时间你再来看看。"

林巧稚说服了孕妇，她憔悴的脸上露出了惭愧的神情。

女人受孕是自然发生，要中止妊娠、人工流产，则是很痛苦的事情。

人工流产，通常采用的方法是运用器械扩宫、刮宫，对宫腔进行排空。由于手术过程不能直视，全凭医务人员操作器械的手感，有妇科医生将之比喻为"摸着黑打扫卫生"，所以，手术具有一定的危险性。

作为妇产科医生，林巧稚从来主张科学避孕，反对人工流产。她的这一主张，既是出自她的信仰立场，也是出自她的学科立场。她深知，人工流产会对妇女身体造成潜在的伤害。人工流产如果出现问题，就是严重的问题。

如果胚胎清除得不彻底，有残余组织存留在子宫内，将会导致感染脓毒症，一旦治疗不及时，感染将迅速扩散；如果在一些不正规的诊疗所手术，器械消毒不彻底，将会引起坏疽和破伤风；如果手术不当，还可能发生穿破了宫、大出血、休克等症状。即使治愈，也会出现很多后遗症，如引起输卵管堵塞，造成不育症，等等。

妇产科医生每天要花很多时间，去说服那些不宜做人工流产手术的孕妇。

1957 年的春天，整风运动开始，全国人民响应号召，"大鸣大放"，给党提意见。

林巧稚原本就是率直的性格，在协和召开的教授座谈会上，在中国科学院学部委员会第二次会议上，她毫不隐瞒自己的观点，"鸣放"的矛头直指卫生部。

她批评卫生部官僚主义作风严重，在关系广大妇女健康的问题上，不听取医学界内行的意见，放松了避孕宣传和措施落实，放宽了对人工流产的限制。她认为卫生部的做法直接违背了"预防为主"的方针。

1957 年 5 月 29 日，《北京日报》发表了一篇记者对林巧稚的专访，文章的题目很长，那是林巧稚意见的概括：《卫生部不应该轻率决定放宽对人工流产的限制》。

林巧稚开门见山地说：

我非常赞成提倡避孕，但是这绝不能和人工流产混为一谈。

没有做过妇产科工作的，也许不太了解人工流产对妇女健康的危害有多大。做这种手术不仅当时可能发生穿破子宫、大出血、休克等现象，而且手术后还会遗留下很多症状，如月经不调、腰疼、神经衰弱，等等，对人的身体和精神都有很大影响。

我们从苏联的一些医学文献上看到，苏联的精神病学专家提到过，有些精神病是人工流产的后遗症。

新中国成立以后，我见过不少老干部，她们身体衰弱，虽然在器质上除了些陈旧性的盆腔粘连外，并没有大毛病，但是她们患失眠、腰酸、倦怠、各处痛等很多症状，这就是由于过去做了人工流产手术留下来的影响。我看她们这样受罪，心里很难过。她们过去在艰苦的革命斗争中，竟不得已而做了这样的牺牲。

她一口气谈了自己的意见，然后说：

我们可以静下来算一笔账，如果受孕妇女有百分之一的人要求做人工流产手术，那我们目前的医院还怎样应付？更重要的还不在这里，我认为如果只是消极、被动地答应做人工流产手术，那就会防了一个，丢了十个。人工流产不但是违反科学的，同时也不能解决人口问题。

说到这里，林巧稚忍不住自己的火气，她语速很快地说：

如果卫生部敢说这就能解决人口问题，那我就大胆地建议成立专门的人工流产医院，一天做几百个，我觉得卫生部目前的这种做法是在推脱责任。

…………

发了火，说了心里话，她的情绪缓和了一些：

> 对这个问题我说得太多了，卫生部也许认为我是老派，认为我保守，看不清事情，那就请听听大家的意见吧！希望卫生部不要靠一纸命令行事，要正视技术干部都反对这样做的事实。如果认为这些技术干部认识错误，那就首先要说服这些人……

无论何时，林巧稚关注的焦点始终在妇产科业务领域。
采访中，记者谈到一些高校"鸣放"中要求取消党委领导，她说：

> 我觉得不能这样，我认为党应该领导学校的工作，问题是怎样领导得更好。我们搞科学技术工作的，马列水平不高，靠我们来领导学校是不行的。但是领导科学技术也不能靠一纸命令，希望党委能够多和我们商讨问题，使我们和党委的意见一致起来。这样就会少犯错误，非党人员的积极性也会发挥出来。
>
> ············

1957 年的 5 月末，正是"大鸣大放"的时候。

如果这篇文章是林巧稚意见的真实记录，那么，我们可以看出，林巧稚在自己和"政治"之间，划了一道清晰的界限。

在医院这样的地方，长时期以来，都是以专业技术水平作为评价一个人的标准。至于医院里的党务和行政工作，林巧稚认为，那是另一个领域的事情。她对那个领域的事情不太明白。她强调不要用行政手段干预专业领域的事情。

在自己的专业领域，她态度

林巧稚与老中医在交流

鲜明、毫不妥协；而对超出这个领域的问题，她的态度和立场则是超脱的、通融的。

当天气一天天热起来的时候，轰轰烈烈的"整风"运动，变成了轰轰烈烈的"反右"运动。

每个单位都有被划定为"右派分子"的人。

林巧稚认识的一些人也被打成了"右派"。其中，就有她多年的朋友和同事、卫生部妇幼卫生局局长杨崇瑞和协和医院院长李宗恩。

以林巧稚的性格，平时对人对事也少不了种种率直的批评。可是，林巧稚在"反右"运动中却未受到冲击。她很可能是受到了某种保护。如果用当时通行的阶级分析法来看，林巧稚的"历史"更为清白，她一直做的是纯技术性工作，从未在旧政权担任过职务。

林巧稚久久地待在婴儿室里。

一个产妇术后发烧，她的孩子在婴儿室不停地哭闹。护士试着给他喂牛奶、喂水，都不管用。林巧稚又给新生儿做了全身检查，当她抚摩婴儿时，婴儿的小手握住了她的一个手指。顿时，哭闹的婴儿安静了下来，可能是哭得累了，他握着林巧稚的手指，睡着了。

林巧稚一动也不动地伏身在婴儿床前，她生怕自己动一下会惊醒孩子。

婴儿的手潮湿而温热，她感到自己的手指被握得很紧。

腰弯得时间长了，再也不能坚持，于是她在小床前蹲了下来，婴儿仍握着她的一个手指……

外面的一切都远去了，这里多安静啊！

洁白、柔软的襁褓里，熟睡的婴儿散发着淡淡的奶香，茸茸的胎毛柔润地贴着前额。他细嫩的面颊上，眉眼还没完全舒展开来，这弱小的生命多么叫人心疼！

谁也想象不到，孩子的睡梦里会有什么，刚刚开始的生命将

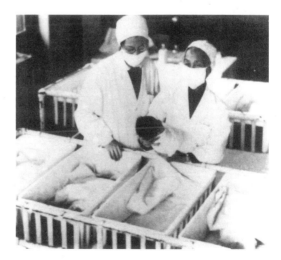

林巧稚在婴儿室

会走过怎样的人生……他柔嫩的小脚要走多少路，才能认识这个世界？他稚嫩、柔弱的小手长大后，究竟能把握住什么？生命来到世上不易，每个人的一生也都不易……

护士小张进来了，软底布鞋走动起来一点声音也没有。

小张惊讶于主任这么长时间还守在这里，睁大了眼睛表示要替换她。林巧稚摇着头，示意小张出去。她的手指还握在熟睡的婴儿手中，她就这样静静地在这里待了很久，很久……

1958 年，全国开始了"大跃进"运动。

在"大跃进"时期，林巧稚全力以赴地做了一件大事。

她调动自己所能调动的医护力量，对北京市近 8 万名适龄妇女进行了妇科普查。

这是林巧稚早就想做的一件事情。

任何学科的研究，都要建立在坚实的基础理论之上。临床医学的发展，建立在对疾病的基本事实、相关数据的把握之上。

基础医学研究的任何一点发现，将为应用医学带来令人鼓舞的进步。

过去岁月曾让无数人丧命的天花、结核、白喉，现代人只需接种一支几毛钱的疫苗就能预防。

林巧稚在临床中看到，许多对女人构成严重威胁的疾病，只因错过了预防诊断的早期，一旦确诊，就已经到了无法治疗的晚期。如妇女最常见的恶性肿瘤乳腺癌、宫颈癌、卵巢癌，等等。

在西方，乳腺癌是妇女的头号杀手。而在中国女性中，较为常见的则是宫颈癌。

林巧稚选择宫颈癌作为这次普查的重点。

8 万名妇女的妇科普查，称得上是一项浩大的工程。

林巧稚和她的同事按北京市适龄妇女的分布，做了细致的准备。

在机关学校的卫生室，在工厂的卫生所，在街区医院的门诊部，检查全面铺开。

医务人员的话语打动了所有的人——作为女人，我们有责任爱护、照料好我们自己。只有爱护、照料好我们自己，才能照料好我们的亲人，也才能更好地投入社会主义建设。

1958 年的北京城，到处热气腾腾。

街道上办起了食堂，各机关单位和高校都参加了"大炼钢铁"。敲锣打鼓去市委、区委报喜的队伍络绎不绝，鞭炮、喇叭、机车的轰鸣织成了交响乐，报纸上天天都是"创高产""放卫星"的特大新闻。

在这庞杂的声浪中，林巧稚组织的妇科普查在扎扎实实地进行。

——每个女人的调查都有详细的记录，年龄、性别、职业、家庭、月经史、生育史……

——许多女人从没做过妇科检查，这更需要医生的体贴和耐心。

——当被检查的女人诉说有腰背疼痛、腿水肿、月经过多或性交后出血等症状时，职业敏感会提醒医生，这是需要重点检查的对象。

检查宫颈癌，细胞涂片这一方法简单实用，在这次普查中广泛采用。

协和医学院大巡诊时的场景

对发现了病灶的女人，一般要求他们尽快治疗，定期复查，并注意观察她们病灶的病变。

然后，是对普查结果的汇总。统计数据出来后，就能看出许多问题的端倪。

在同一片天空下，这样大范围的普查，是否也像一次"大跃进"？

就其形式来看，林巧稚组织的"大普查"，确实借了"大跃进"之名。但林巧稚把虚空的口号变成了扎实的工作，把浮夸的作风变成了科学的精神。

她对世界的认识是一贯的。她始终埋头做着自己专业领域的事情。

事实上，不管在任何时代，真正能成就事业的，都是这样的人。

林巧稚与妇产科同事

林巧稚组织的妇科普查报告发表后，引起了全国及全世界妇产科学界的关注和震动。

他们当然懂得，这样具有说服力的统计结果意味着什么。

很快，在上海，在广州，国内其他一些地方也开始了妇科普查。广大妇女的卫生保健，引起了全社会的重视。

几千年来，在中国，女人从来被视为低人一等，女人生来是"贱命"。在普遍的卫生保健尚未提上日程的 20 世纪 50 年代，这种对妇女健康的关注，的确表现了社会的文明和进步。

许多年过去了，"大普查"已成为历史。中国女人宫颈癌的患病人数与当年相比，每 10 万妇女中，由 646.17 人下降到 90.46 人，患病率和死亡率的下降显而易见。

妇产科在中国是起步很晚的学科，可是，这一学科在新中国成立后的几十年里，有了令世界瞩目的进步。

如今，当年轻的妈妈们在良好的护理条件下孕育时，不知是否会想到，仅仅在她们祖母的时代，女人生孩子还如同闯"鬼门关"。当时，婴儿的出生死亡率高达 20%。

如今，孕妇的围产期保健已经普及；产妇生育后，产假有法律保证；女人妊娠期疾病、分娩期并发症、母子死亡率大大降低……与妇女健康有关事项受到国家重视。

…………

社会进步的路途，并不是鲜花铺就。

安享这一切女人们，永远不应该忘记林巧稚的名字。

是她和一代代先贤，含辛茹苦，铺垫出通向进步的路。她为了这一点一滴的社会进步，付出了自己的一生。

"大跃进"的热潮过去后，三年自然灾害来临了。

"小高炉"熄灭了炉火，炼出的废铁矿渣堆积在路旁，再也无人问津。

"卫星田"亩产万斤的神话还响在人们的耳畔，饥馑已悄无声息地袭来。

副食品商店的货架上空空荡荡，食品供应日益匮乏。所有日用消费品全都按计划凭票供应，粮票、布票、油票、糖票、肉票、鸡蛋票、线票……乃至白菜票、萝卜票、大葱票。这些票证，是城市居民生活的依靠。

粮食每个月严格按定量供应，工人、干部、学生、居民，每个人的定量各不相同。同时定量的还有每人每月2两食用油、2两白糖、半斤鸡蛋……

定量供应的物品也不是随时都有，于是，每逢副食商店来了食品，外面就会排起长长的等待购物的队列。

因为缺少燃煤，北京的冬季，协和宿舍楼每天只晚上供暖两个小时。人们在家里也穿着臃肿的棉衣，围着围巾。

饥饿、营养不良很快就现出了后果。医院里，医护人员和病人患的是同一种病——浮肿。全国各地肝炎流行。

上班时间，人们交流着培养"小球藻"的经验。据说，"小球藻"可以弥补严重不足的维生素。

家属区房前楼后的花草被清理了，人们栽种了萝卜、白菜、西红柿。

还有许多人家在院子里和阳台上搭建了鸡窝，家养的鸡们白天在院里觅食，晚上会径直上楼回窝睡觉。

起初，在确定粮食定量时，有关部门考虑到，妇产科医生、外科医生和骨科医生的工作不仅需要脑力，而且需要体力。所以，他们的粮食定量和体力劳动者的相同——每月31斤。很快，又将他们的定量下调到28斤，后来又降为 26 斤。

林巧稚估算了一下，觉得自己一个月吃不了 26 斤粮食。于是，她主动要求把自己的定量降为每月 16 斤。

她有一个政府配给特殊人才的专用购物证。持有这个购物证，可以在指定的商店买到市面上紧缺的物品。可是，除了给自己买点速溶咖啡，她不许家里人用它去购买任何东西。

一次，协和一位老同事来到家里，想借她的购物证去买两条红双喜香烟，被她拒绝了。她说："国家对我的照顾我不能乱用。我不抽烟，也不能去买烟，才不会加重国家的负担。"

当林巧稚拒绝这位同事时，仍然表现出她一贯单纯和率直的性格。但和新中国成立初期相比，这时期的林巧稚已经不把自己当作"外人"和"同路人"了。她说话、做事已经自觉不自觉地有了体制意识，这已经不仅仅是一种公民意识，而是一种主人的意识。

也许她认为，自己作为全国人大代表、政协委员，参与了国家大政方针的决策和讨论，因此，国家的困难和问题都有自己的一份责任。

因此，她自觉地一再紧缩自己的基本需求，希望能给国家减轻负担。

1961 年，邓颖超在协和妇产科住院做手术。经过治疗和护理，她的身体恢复了健康。

邓颖超出院后，初夏的一天，周恩来和邓颖超特意请林巧稚和妇产科的两位主治医生一起吃饭，以示谢意。这是一次私人间的便宴，地点在西四缸瓦市附近的一家饭馆，由老舍先生和夫人胡絜青作陪。

痊愈后的邓颖超气色很好，她向林巧稚和另两位大夫表达了真挚的谢意。

老舍先生说话诙谐而得体，席间的气氛很是轻松。

正是困难时期，饭馆的饭菜也很简单。周恩来总理和普通顾客一样，自己拿出钱和粮票付了账。

即使本来和林巧稚不熟悉的人，只要和她在一起，就会产生好感和信任。

纤细文雅的林巧稚身上，有两种截然不同的气质。谈起专业，她从容自信，沉着镇定。这种气质一般在那些身经百战、沙场点兵的将帅们身上可以看到，那是将世间的一切置之度外，在出生入死中历练出来的气质。可是，一旦涉及别的领域，她却像换了一个人。她处世为人毫无心机，表现在言语行为上，竟然是孩童般的单纯和率真。

周恩来关切地对林巧稚说："听说林大夫主动降低了自己的口粮，医生的工作任务很重，还是要实事求是，注意身体。"

谈起国家当时的困难，林巧稚告诉总理，自己还好，本来饭量就小，又没有什么负担。但是医院里确实有很多人得了浮肿，特别是那些年轻的医生和护士。他们本来工资就不高，定量供应的食品先要让家里的老人和孩子吃。可是大家都没有怨言，工作照样不受什么影响。还有很多人，在家里养鸡种菜，"生产自救"。

她说，自己也在院子里种上了黄瓜和西红柿，还养了两只母鸡。可是，这两只鸡不爱在窝里下蛋，常常把蛋下在院子的草丛里。要不是偶然发现，还真以为这是两只不会下蛋的鸡……

周恩来笑得很开心。在繁忙的公务中，他交了很多党外的知识分子朋友。和他们在一起的时候，他很自在，也很放松。

言谈间，胡絜青拿出一柄团扇送给邓颖超。绢质的扇面上，是她手绘的一丛大红牡丹，工笔重彩，富丽祥和，旁边还有老舍的题词："昔在帝王家，今供亿人赏。"

大家传看着团扇，纷纷夸赞扇子雅致、漂亮。

老舍先生也拿出一把折扇送给林巧稚，扇面上有老舍绘就的几笔兰草。疏朗俊逸的几笔兰草旁，是一行流利的行楷："送巧稚大夫拂暑。"

西四小馆的便宴后，周恩来、邓颖超又请妇产科所有参与过治疗和护理的医护人员，到中南海的家中聚了一次。事前，秘书拟定了邀请人员的名单，送给周恩来过目。他看到名单上只有化验室主任而没有化验员，又亲自加上了化验员的名字。

作为一个泱泱大国的总理，这种细致、周到的作风中，传递出的是对人的友善和尊重。这件小事，让林巧稚深深地感慨和感动。

一位美籍华人到北京访问，他是著名的医学博士。周恩来在中南海西花厅宴请他时，特邀林巧稚作陪。

在前去迎宾的汽车里，周恩来兄长般地提醒林巧稚："你应该穿得更漂亮一些。"

席间，周恩来有要务中途离开，他对林巧稚说：这里的事就交给你了，请你替我招待好客人。

那是一种自家人般的亲切和信任。

平日里，林巧稚收到过邓颖超送给她的洋娃娃和鲜花，还收到过周恩来从国外访问归来送给她的咖啡豆。

日本乒乓球队访华时，周恩来得知著名女选手松崎君代结婚多年还没有孩子，专门请林巧稚为她检查。

邓颖超曾关切地询问过林巧稚的个人生活问题。林巧稚则含蓄地表明了不再考虑此事的态度。她开玩笑似的说："要是早解放些年不就好了嘛，谁让你们对我解放得这么晚呢！"

20 世纪 50 年代中后期，许多著名的知识分子加入了中国共产党，如郭沫若、竺可桢、李四光、钱学森、梁思成、华罗庚等，协和中共党组织有人提示林巧稚……

林巧稚有了心事，她向周恩来谈起了自己的信仰问题。她说，一个诚实的人既不能欺骗组织，也不能欺骗自己。由于长期信仰基督教，自己思想上受基督教的影响很深。如果以自己这样的情况——昨天还是个基督徒，今天又提出要加入共产党，担心会给党造成不好的影响。

周恩来非常明确地告诉她，不必介意这个问题。在党外一样可以为党工作，而且还能起到在党内起不到的作用。

周恩来的话让林巧稚无比欣慰，如释重负。她怎能不要求自己更多地奉献、回报这知遇之恩呢？

西花厅聚会后不久，林巧稚收到了周恩来、邓颖超赠送的照片，那是总理夫妇新近的合影。

照片上，周恩来和邓颖超身着白色衬衫，微笑着并肩站立。邓颖超笑眯眯地握着那柄绘有牡丹的团扇，周恩来的手搭在邓颖超的腰际。夏日明亮的阳光中，他们的笑容轻松而有神采。照片背面写着："赠林巧稚大夫，1961年摄于向阳厅。"

林巧稚找出一个紫檀镜框，将照片镶好珍藏了起来。

她珍藏的是一份她看得很重的信任和情谊。

六、白发人送黑发人

列车广播里，正播送民乐合奏。

20世纪60年代初的林巧稚

音乐过后，播音员柔和悦耳的声音响起，列车已进入了福建境内。

林巧稚在铺位上待不住了。她在车窗旁坐了下来，撩起窗帘，看无尽的田畴大地从窗外飞快闪过。

这是1962年，从上次回乡至今，已过去了二十多年。二十多年的时光如窗外的景物般疾驰而过。

望着故乡的大地山河，林巧稚眼里、心里都热乎乎的。

这次回乡，林巧稚是作为人大代表赴福建考察。

她先到了鼓浪屿。回到故乡，当地政府安排林巧稚下榻在鼓浪屿宾馆。

当地人称鼓浪屿宾馆为"黄家花园"。过去，这处私家别墅由当地华侨黄奕住修建。黄奕住早年出走南洋，后来成为"印尼糖王"。

林巧稚清楚地记得，她离开鼓浪屿去北京上学那年，"黄家花园"的主楼刚刚开始打地基，那是当时岛上众人瞩目的一件大事。

在她离开故乡的这些年里，岛上又新盖了许多房屋。小八卦楼旧居已改名为晃岩路47号，里边住的都是林巧稚不认识的人。

漫步故地，扑面而来的海风让她眩晕。含有淡淡海腥味的气息牵扯着她的脏腑，唤醒了她无尽的思绪。

那山，那树，那海滩，依然是旧时光景。目之所及，皆是少年时的记忆。转眼间，60年的岁月已倏忽成为过去。

她的大哥在新中国成立前离开大陆，从此音信阻隔，生死不明。林家的亲属有几家居住在福建，众多的后代星散各地。

林巧稚来到了父母的墓地。

墓园里绿草萋萋，星星般的雏菊闪烁在墓碑旁的草丛里。小径旁的一株圣诞红已经凋零，猩红的花瓣如纸屑般撒落一地。

站在父母的墓前，林巧稚掏出手帕，细细拭去墓碑上的青苔。她的心里隐隐作痛。她一生救治过无数人，让无数家庭重新有了欢笑和幸福。可细想起来，唯有最爱自己的父母兄嫂从未得到过自己医术的襄助。

如今，当她经过了人生的许多事情，才真正懂得，当初父亲让她到北京求学，要承受多大的压力；哥嫂让侄儿停学供自己读书，该是怎样的胸襟和牺牲……所有割舍不断的亲情，都是生命血脉的连接。

风吹过，树叶发出飒飒的声响，眼泪无声地从她的脸颊滑落……

漫漫光阴，不过在转瞬之间。裙裾飘飘犹在眼前，明眸皓齿恍然如昨，她离开这里，正是 20 岁的年龄。

她这一走，就是 40 年。当初离开，她是那样迫不及待，那样义无反顾，她觉得小岛上的人生太局限、太单调。她盼望辽远世界的长风，吹动她生命的帆，送她远离小岛。

40 年过去了。她从这里出发，在干旱而多风沙的异乡，长成了一棵参天大树。回首来时路，她才清楚地看到，大树的根须，仍然深扎在最初出行的地方。

一艘小汽艇停靠在码头，林巧稚要从鼓浪屿过海到厦门去，当地陪同人员请她登艇。

她向码头上的人打听乘轮渡多少钱一张票，听人说，一张轮渡票 5 分钱，集体票 3 分钱。如果有 10 个人以上一起过海，就可以买集体票。

"5 分钱的票不买，为我过海专门开一艘汽艇，这样兴师动众，实在没必要！"她批评了当地的陪同人员。一直到了厦门，她还在为这件事不高兴。

林巧稚不喜欢繁文缛节的迎来送往，更不适应当地政府接待她时的兴师动众。

在鼓浪屿，她去看望以前的老邻居时，有人问她："听说你做官了，你做的官有多大？"

林巧稚说："我不是官，是全国人大代表。如果在美国，相当于国会议员；在中国，人大代表就是人民的代表。"

难得多年回趟老家，林巧稚把省内的亲属召集到厦门相聚——弟弟、弟媳、侄儿、侄媳及侄孙辈共有二三十人。

众人在"绿岛餐厅"相会，这是林巧稚委托厦门侨联帮她联系的地方。本来，市政府要出面招待，但林巧稚执意不肯。她对亲戚们说：国家正是困难时期，我们不能占公家的便宜。大家一起聚个餐，她来付钱。但粮票她没有多的，要各家自己出。

与弟弟、弟媳好多年没见过面了，小字辈的更是连名字也叫不上来。他们在林巧稚面前也显得拘谨。

林巧稚询问着各家的情况，在哪里工作，有几个孩子……一边问着，一边把自己带来的东西分送给各位亲戚——衣料、呢子外套、皮包、钢笔……

林嘉禾是林巧稚二哥的儿子。上次林巧稚回厦门时，他还是个不懂事的孩子。那会儿他得了一种怪病，浑身起红疙瘩，奇痒难忍。中医西医都看了，打针吃药一年多，却毫不见效。

当时，林巧稚给他做了全身检查后，告诉哥哥嫂嫂：这个病不难治。先让孩子尽量吃糖，吃到他再不想吃为止。然后，给他吃泻盐，让孩子拉肚子，拉空了肚子，病就好了。如果再犯，身上还起疙瘩，就按这个方法再治一遍。

家里人提起了这件事，林巧稚也记得很真切。她问："嘉禾后来怎样？"

"果然当年病就好了，"他们告诉林巧稚，"第二年又犯了一次，按照三姑的方法治，以后再没犯过。"

"那究竟是什么病？"有人问林巧稚，"为什么只吃糖和泻盐就能治好？你怎么知道还会再发作？"

巧稚笑微微地说："那是一种爱吃糖的寄生虫，寄生在小孩子的胃肠壁上，所以引起身上起红疹。小孩子吃了糖，胃肠道充满了糖分，寄生虫都来吃糖。这时吃下泻盐，就可以把寄生虫排出体外，病自然会好。但是，还会有残余的寄生虫卵没有排完，第二年再用同样的方法，就把它们清除干净了。"

尽管困难时期食品短缺，各家也还是给林巧稚带来些家乡的土特产：鱼干、芋头干、豆豉……巧稚什么也不要，只留下一个六斤多重的人木瓜，她说要带回北京，让同事们尝尝鲜。

厅堂里的气氛渐渐轻松起来，林巧稚却显得有些沉重。她说："这次回来，看到你们每家都有几个孩子。多子多福是过去的观念。孩子多，不光家庭的负担重，国家的负担也重。"

说到这里，她批评在厦门市立医院工作的侄女夫妇："你们俩都是医务工作者，结婚 5 年，生了 3 个子女，为什么不注意节育呢？"

林家的晚辈低下了头。他们感觉，这位三姑确实和其他长辈不大一样。

林巧稚在福建的考察就要结束了。

返程时，她给上海的侄儿、侄媳写了一封信：

嘉通、克范：

　　我在福州给你们写信。不觉出来已近月余，就要回北京了。

　　这次回来看到了很多亲戚，走了很多地方，一路风景非常好看，山清水秀，风景如画。

　　……最遗憾的是你们没能和我一同回来。待见面时，我会把回来见到的情形，详细地说给你们听。

　　嘉通的病好了吗？我很牵念，望来信告之。

　　…………

　　林巧稚这次回福建，是她平生最后一次回故乡。

　　在返乡的日子里，她祭奠了父母，会见了亲友，多年的心愿得以了结，思乡的情怀得到慰藉。如果说还有什么事情让她放心不下，那就是侄儿嘉通的身体。

　　本来，林巧稚是想和嘉通夫妇一起回家乡的。可是，嘉通说他不能与林巧稚同行。近半年来，他的身体虚弱得厉害，腹痛、低烧，却查不出原因。因为怕林巧稚担心，所以一直没有告诉林巧稚。

　　林巧稚当然担心，长时间不明原因的低烧不是好现象。嘉通是林巧稚最疼爱的侄儿，也是她最放心不下的孩子。

　　一回到北京，林巧稚就催促嘉通来协和医院检查治疗。

　　嘉通到了北京，林巧稚去机场接他。离老远，个子高高的嘉通就朝她招手。即使有病在身，他仍然衬衫整洁，裤线笔挺，彬彬有礼地谦让身边的妇女。只是，林巧稚心痛地看到，嘉通明显消瘦了许多，气色也很差。

　　林巧稚安排嘉通住进了医院，又为他请有经验的医生。检查结果出来了——正是亲人们最担心的，嘉通患了肝癌，并且已经到了晚期。接下来，照例是化疗、放疗……可无论是巧稚还是嘉通心里都很清楚，这一切只是延长时日罢了。

　　肝癌导致的剧痛非常人所能忍受，眼见得嘉通一天天衰弱，林巧稚心如刀绞又束手无策。

　　嘉通、懿铿兄妹是林巧稚大哥的孩子。他们很早从鼓浪屿来到北京，在北京求学、成家。懿铿全家一直和林巧稚生活在一起，嘉通一家后来定居上海，林巧稚时刻挂念着他们，和他们保持书信联系。如今嘉通遭了这么大的难，她寝食难安，恨不得用自己的生命去换回嘉通的健康。

这天，林巧稚忙完妇产科的事情后，又来到了嘉通的病床前。刚刚用过药，嘉通看上去清醒而平静。

林巧稚的右手轻轻搭在嘉通的手腕上，她一边看着表，一边细数着嘉通的脉搏。

揪心扯肺的骨肉亲情，在默默无语中流动。

嘉通叫了声："三姑……"喉结艰难地上下蠕动。

巧稚知道他有话要说，在他的床边坐了下来。

嘉通的声音有些喑哑，他说："我想回上海，趁还能走动。"

他又说："从哪里来，到哪里去。我内心有平安，三姑别难过。"

嘉通一直是虔诚的基督徒，病中的他镇定、宁静，没有晚期癌症病人通常的恐惧和狂躁。

林巧稚忍着心痛，答应了他的请求。

华康请假送嘉通回到了上海。

过了一段时间，林巧稚放心不下，请假去上海看望嘉通。行前，她托人买了止痛的吗啡针剂。

林巧稚从上海回北京没多久，就接到了嘉通去世的消息。她立即又乘飞机赶了过去。

面对哀痛欲绝的侄媳和三个尚未成年的孩子，林巧稚勉力操持着一切。

按嘉通的遗愿，葬礼在衡山路礼拜堂举行。教友们从各处赶来，参加嘉通的葬礼。

葬礼结束后，林巧稚回到侄儿家中。嘉通的照片在写字台上微笑着，她对着照片久久地发怔。

照片上的嘉通生动而有神采。当年，他是林家后代的骄傲——燕京大学年轻有为的教授，儒雅出众的青年才俊。那是嘉通生命中的华彩篇章，尽管仓促而短暂。

林巧稚的眼泪止不住地流，她对侄媳戴克范说："我已经很老了，应该让我先走。"

戴克范也毕业于燕京大学，和嘉通是同学。她有了孩子后就回到家里相夫教子，再没有出去工作。

嘉通给自己的三个孩子起名为风、晨、蔼，有着诗一般名字的孩子个个出落得漂亮、灵动。大的已读大学，小的还在上初中。

林巧稚拿出 5000 元钱给侄媳，她说："这钱，你们留着用。以后每个月我寄钱来。有什么困难，要随时写信告诉我。"

她对孩子们说："你们的爸爸是一个很认真的人，做什么都务求尽善尽美。你们是他的孩子，要让你们的爸爸安心。"

戴克范拿出一把精致的金钥匙，交给林巧稚说："这是嘉通在燕京大学毕业时得的。他特别珍惜，一直带在身边。临去世前，他说：'三姑待我是最好的。我能读大学，也是三姑出钱供的。这把金钥匙就送给三姑，留在三姑身边做个纪念。'"

林巧稚忍不住痛哭失声。

…………

从此，林巧稚每个月准时从北京寄往上海 120 元钱，即使"文革"中也未停止。

人们常说，老年丧子是人生最大的不幸。嘉通是林巧稚最看重的侄儿，在她心里，嘉通就如同她的孩子。他的去世给林巧稚的打击很大，也许，还有内心深处的自责。当年，如果不是她的劝阻，嘉通一家或许会到国外定居。如果走了的话，结果会怎样，也就说不定……

悲伤让她明显感到自己的衰老，想起嘉通心里就隐隐作痛。

在嘉通去世一周年的日子，林巧稚在给侄媳的信中，流露了自己沉痛的思绪。

克范：

今天，已是嘉通去世一周年了。拿起笔来，我的眼泪便已禁不住地流下来。……去年九月二日他下飞机……叫我的声音……至今还清清楚楚地在耳旁响起……

他的那把金钥匙，还一直在我的身上带着。写信的时候，我又把它拿到手上。人亡物在，触景生情，心里十分难过。

我已经老了，近来身体又很不好，时常感冒，咳嗽得很厉害，睡眠和饮食也不好，脉搏跳动已降到每分钟 46 次以下。虽然每天照样上班，可是心里总是悬念着你们，一闭上眼睛，去年伤心的景象又出现在眼前。嘉通的死，对我精神上的打击实在是太沉重了！

…………

门诊中的林巧稚

白发人送黑发人。谁知道她心底深处的伤痛？

当然，这一切林巧稚从不提及。在别人看来，她和往日一样，仍然步履轻盈，面带微笑地忙碌着。

除了吃饭睡觉，林巧稚更多的时间是待在病房里。每天都有来自全国各地的病人慕名找到她，病人对她近乎依赖般的信任和需要，成为她的精神寄托。她日夜忙碌停不下来，人们钦佩她如此彻底地奉献自己，殊不知她在以透支生命为代价。

七、救命的"林婆婆"

1965 年春天。

T1 次特快由北京开往长沙。车很快就要开动了。

正是四月小阳春，经过了一场"倒春寒"的北京，天气刚刚转暖。

车过黄河，扑面而来的，是广阔的华北平原上无边无际返青的麦田。油菜花、苜蓿花交相辉映，如同织锦般明亮得耀眼。

"巡回医疗队"的成员都在这趟列车上。这是一个"豪华"得令人炫目的专家方阵。医疗队由协和党委书记张之强率队，成员有：协和医院院长、著名胸外科专家黄家驷教授，外科主任曾宪九教授，妇产科主任林巧稚教授，儿科主任周华康教授，阜外医院院长、胸外科专家吴英恺教授，著名内科专家冯应琨、金兰，著名眼科专家张承芬，著名皮肤病学专家李洪迥……这些国内顶级权威前往的地方是——湖南省湘阴县关公潭公社。

那里不通火车，不通汽车，没有电灯，更没有电话，是位于洞庭湖畔、有着一千多农户的围堰区。

这一年，毛泽东主席针对当时国内医疗卫生工作的状况，严厉批评卫生部为"城市老爷卫生部"，做出了"把医疗卫生工作的重点放到农村去"的指示。

这支医疗队引人瞩目的专家阵容，更多地代表着卫生部的态度：这些专家在医学界的影响有多大，就表明卫生部改变"城市老爷"形象的决心有多大。

这年，林巧稚已经是 64 岁的人了。

在此之前，她几乎从未有过农村生活的体验。小时候生活在鼓浪屿，成年后一直生活在协和。通知她参加"巡回医疗队"，她禁不住有些忐忑。医疗队的成员数她的岁数大，每天人们只见她步履匆匆行走在协和，可只有她自己清楚，随着年岁的增长，体力、精力明显一年不如一年。做事常有力不从心之感。

她倒也不怕生活环境的改变带来的种种不适，她只是担心在这种改变中，

赴湖南巡诊的巡回医疗队合影。前排左三为林巧稚

自己能否做好应做的事情。

行前，她还是认真做了些准备的。

她找人了解湖南洞庭湖地区的常见病、多发病。当她得知湘阴一带多发眼病时，专门抽空到眼科去学习，了解了一些眼科常见病的治疗方法。

她还找中医大夫学习针灸，学会了头痛、关节痛的针灸疗法。

医疗队下乡，要求和贫下中农"同吃，同住，同劳动"。她常年穿中式衣衫，显然不适合参加劳动。于是，她专门去做了一件蓝布夹袄，又要了侄孙一件旧中山装，穿上后显得很利落。

一双带襻的布鞋，一双胶鞋，两身换洗的棉毛衫裤，东西都装进一个旅行包后，她捧着一包咖啡发了愁。

几十年了，每天早上和手术前喝一杯热咖啡，成了她难以改掉的习惯。她把咖啡放进旅行包又拿了出来，犹豫着和侄女懿铿商量："我想带点咖啡和白糖下去，不知道这个要求能不能提？"

"应该是可以的吧？"懿铿也说不大清楚。

这次懿铿的丈夫华康和林巧稚都是医疗队成员，俩人一走好几个月，她心里没着没落的。林巧稚的身体一向不好，一感冒就犯支气管炎，整夜整夜地咳嗽。而华康的腰椎有问题，腰疼起来十分痛苦。通知他们参加医疗队，是组织上对他们的信任。他们没有提任何个人的问题和要求，懿铿也只能无条件地支持他们。

"还是去问问吧。"林巧稚还是想带卜点咖啡。

林巧稚向医院领导提出了自己的这一要求，她破例得到了准许。

就这样，带着简单的衣物，带着医院配给的医疗用品，带着为医疗队统一兑换的全国粮票，他们来到了湖南农村。

一个地区的经济文化状况，在很大程度上决定着这个地区的医疗卫生水平。

关公潭公社四面环水，社员的生活主要靠围堰田的稻谷收成。每年夏秋之季，当洞庭湖的汛期来临，暴风雨冲决了围堰，一季的庄稼泡汤不说，房倒屋塌、人员伤亡也是常有的事情。

八百里洞庭，本是鱼米之乡，农民应该有富庶的生活。可是，人民公社实行了多年"一大二公""割资本主义尾巴"，社员们打的鱼不能买卖，稻谷的产量也不高，所以，农民仍非常贫穷。他们基本上没有条件看病，也没

林巧稚在湖南巡诊时与当地农民亲切交流

有习惯看病。

林巧稚注意到，这里的妇女们承受着双重的劳作。每天，她们和男劳力一样下田插秧、割谷、干农活。回家后还要挑水、拾柴、做饭、带孩子、侍候老人。

早婚、早育、多育，加之长期繁重的操劳，长期得不到较好的营养，生育期和生理期缺乏护理，使女人们普遍早衰。许多三四十岁的女人，看上去身体瘦弱、面目憔悴。

医疗队到达公社时，正赶上雨季。绵绵的阴雨，从早到晚下个不停。

尽管他们出发前有充分的思想准备，可乡村无可掩饰的贫穷和匮乏，让从大医院来的他们不知道该从何处着手。

公社腾出一间简陋的房子，权且当作医疗队的诊疗室。

屋里黑乎乎的，斑驳的墙壁，苍蝇嗡嗡飞舞。它们成群结队停留在房间的一根晾衣绳上，密密麻麻。林巧稚刚开始没看清，还奇怪这晾衣绳黑麻麻的粗细不匀，当她看清是苍蝇时，心里不禁吃了一惊。

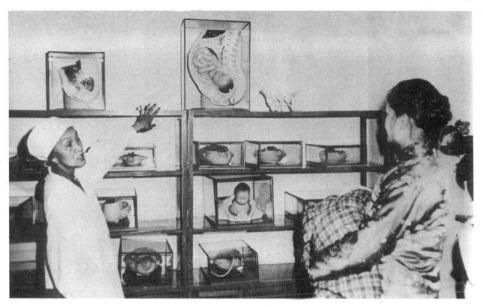

林巧稚在给湖南当地妇女们普及卫生常识

他们的工作从刷墙、糊顶棚开始。待粉刷过的墙壁干了，他们又用纱布糊了纱窗，门上挂了竹帘挡苍蝇。

顿时，屋里显得干净、亮堂了一些。

从供销点买来一只竹编的笼屉，权且作为消毒器具。这里没有电，手术照明就用煤油灯和手电筒。给妇女做检查时，就在两个药箱上架一块门板，当作检查床。

在北京的医院，他们每个人都负责许多事情，看门诊的时间有限。有人想找他们看病，要通过各种关系，托许多人情。出乎他们意料的是，这里并没有络绎不绝的人来看病。

原来，农民根本看不起病。他们没有看病吃药的钱，平时有个头痛脑热，他们就拖着扛着，不到人不行了，他们不会去找医生。"小病扛，大病拖"，许多人就这样小病拖成大病，导致劳动力丧失。

医疗队开会商量后决定，两人一组，到生产队（村）去巡诊、出诊。

整个关公潭公社只有一条大路，那是围堰的大堤。沿着大堤走，有通往各村的小路。小路宽不盈尺，雨水浇过，泥泞难行。特别是从小路上大堤时，路滑得根本站不住脚，需手脚并用，且爬且行。

林巧稚外出巡诊时，手里多了一根竹杖。毕竟是 60 多岁的人了，得时刻提防着跌跤。

　　一次，林巧稚外出巡诊遇上了大雨。本想等雨小一点再回去，谁知天黑了雨也不停。乡村的夜，黑得浓重。与林巧稚同组的人一手撑着伞，一手挽着林巧稚，两人趔趔趄趄，跌跌撞撞地走在雨夜里。

　　雨水打在湖面上，四下里哗哗响成一片。手电筒上糊着泥巴，发出微弱的光。黑夜中的水面反射出亮光，人不知不觉会朝泛着光亮的湖水走去。

　　两个人互相拉扯着，好不容易上到堤堰上，早已浑身糊满泥巴，而且被雨水浇得透湿。她们的鞋上粘着泥团，几乎迈不动脚步。林巧稚的一只鞋掉在泥窝里，她索性把另一只也脱了，提着鞋光脚踩在泥泞里往前走。她们不是不知道，这里是血吸虫病流行的地区，赤脚走在泥水里可能会被钉螺叮吸，可这时也顾不得了。

　　终于，她们回到了医疗队。队里的人等得焦急，正准备分头去找。看见林巧稚成了个"泥婆婆"，大家又是心疼又是笑，悬着的心这才放了下来。

林巧稚与湖南农村产妇在亲切交谈

农民最讲究实际，他们相信亲眼见到的事情。

一天半夜，一个叫任福芝的难产产妇被送到了医疗队。

她临产已经 30 多个小时，只能马上手术。检查消毒后，林巧稚拿出了中产钳。用中产钳接生，需要技术，更需要气力。在医院，这事有助手做，不用林巧稚上手。许久不握中产钳了，林巧稚觉得有点手生。

乡村的夜，漆黑一片。远远近近，不时传来狗吠声。

凭借几盏煤油灯的微光，林巧稚紧张地忙碌着。两三个小时过去了，凌晨 3 点，孩子呱呱落地，是个胖胖的女娃。林巧稚抬起头来，背上的衣服早已被汗水湿透。

又一天，一个患妊娠中毒症的产妇被抬了进来。

她叫李玉从，刚 20 岁，这是她的头胎。她血压很高，全身水肿，呕吐抽搐，危在旦夕。送她来的亲友摇头叹息说，病成这个样子，肯定是有去无回，没得救了。

林巧稚沉着地开始了产程处理，医疗队的人都参加了抢救。终于，产妇娩出了胎儿，脱离了危险。接着又开始抢救窒息的婴儿。妊娠中毒症的胎儿死亡率为一般死亡率的 1 至 5 倍。在口对口的人工呼吸中，新生儿终于恢复了心跳，哭出了声。

医疗队起死回生的故事在乡村流传。

一个妇女队长找到林巧稚，当地人说她得了"干血痨"。来月经腹部剧疼，流血不止；平时腰痛、背痛、腹痛。十几年了，她被折磨得面黄肌瘦。

家人曾陪她到县里看病，带去 200 多块钱，这几乎是整个家庭的全部财产。病没见好，钱花完了，他们只能回家。

就在医疗队用药箱架起的木板上，林巧稚给她做了检查。她是因为多次分娩，造成韧带松弛，导致子宫重度后倾。林巧稚为她矫正了子宫位置，仅开了 4 毛钱的药，长期折磨她的病痛，很快好了。

这事一传开，一些妇女开始找上门来。之前，她们无论如何也不肯脱了衣服躺在那里接受妇科检查。

她们中许多人患有妇科疾病。其中最严重的，是因过重的体力劳动或分娩后遗症，造成子宫阴道脱垂。疾病使她们不能控制自己，哪怕是咳嗽、打喷嚏都会渗出尿液。病情比较严重的，子宫颈长期脱垂于体外，引起溃烂、

林巧稚在为赤脚医生做示范

流血和感染。

林巧稚一一为她们施治。

羞于启齿的疾病让救命的"林婆婆"治好了——她们这样称呼林巧稚。

一传十，十传百，许多做丈夫的带着自家的"堂客"来检查治疗。

只要有条件，谁不愿意健康幸福地生活呢？

就在药箱架起的简陋门板上，林巧稚为1300多名乡下女人做了检查和治疗。

巡回医疗的时间是3个月。3个月时间，不可能改变一个地方的医疗卫生状况。

不约而同地，他们想到了当年的协和公共卫生系，他们曾在定县农村建过卫生网络。

几经商议，他们挑选当地受过中等教育的农村青年，办起了农村卫生员、助产员培训班。也许，这是中国最早一批接受培训的"赤脚医生"。

参加巡回医疗的专家们，每个人都具有开办一所高质量专科医院的能力和水平。让他们到农村去，做乡村医生甚至卫生员，更重要的是有示范和象征意义。

很快，由政府倡导要求，各地农村开始了合作医疗运动。

人民公社"一大二公"的体制，使合作医疗能够在乡村迅速推行。在不长的时间里，农村有了三级卫生网络：公社（乡）有了卫生院，大队（村）有了赤脚医生，生产队（村民小组）有了卫生员。

在条件好一些的农村，经过县医院培训的赤脚医生，可能有一间小卫生室，差的也有一个药箱。

赤脚医生会简单的注射、针灸，乡亲们头痛脑热可以得到几片药，也算是"小病不出村"。

尽管城乡之间巨大的差距依然存在，但中国培训"赤脚医生"，当时被世界卫生组织和世界银行称为"以最少投入获得了最大健康收益"的"中国模式的农村卫生革命"。

第五章
风起时

第五章 风起时

一、头发乱了

1966年初夏，一个平静的下午，林巧稚正在办公室办公。

窗外，一只鸟儿的啼鸣吸引了她，她站起身来，循着声音向外寻觅。下午的阳光已经偏西，木芙蓉大团紫色的花朵，在夕照下，色泽愈显明艳。她看不清鸟儿在哪里，叫声是从香樟树繁密的树叶间传出的。

"丁零零……"电话铃在寂静中响起，林巧稚一激灵，恋恋地收回了目光，拿起了话筒。

"是林主任吗？林主任，你好吗？"

林巧稚一下子就听出来了，这是张洁清的声音。张洁清的声音细柔、温婉。她连忙回应道："洁清啊，你好。许久不见了，孩子们都好吗？"

简短的寒暄后，张洁清问林巧稚今天是否有空，下班后想请她到家里来坐坐。

林巧稚略一沉吟，脑子里把几个病人迅速过了一遍，爽快地答应下来。

这样的邀请对林巧稚来说并不意外。从新中国成立之初，她就是这个家庭最受欢迎的客人。张洁清知道林巧稚爱吃螃蟹，常常在秋天请林巧稚到家里吃螃蟹。彭真作为当时北京市的一市之长，也希望在这样的场合，了解医生们的真实想法和对医疗卫生政策的意见。林巧稚在这个家庭里说话，可以毫无保留。

张洁清气质文静、蕴藉，林巧稚很喜欢她的性情。家里 3 个孩子，两个小的都出生在协和。老大彦彦是女孩儿，和林巧稚最是亲热。

汽车开进台基厂附近的四合院。

尽管林巧稚并不是十分敏感的人，但也很快觉察到这个家里抑郁、沉重的气氛。

往日活泼的孩子们不知去哪里了，院子里十分静，静得有点肃穆。

彭真、张洁清迎接着林巧稚，在客厅落座后，张洁清只说了一句："林大夫，我们全家都很想念你……"往下，就再没话了。

彭真挺直身子坐在沙发上，他的脸上有林巧稚不曾见过的严峻神情。

是家里发生了什么事情吗？这个念头刚闪出来，林巧稚就打消了它。她知道彭真和张洁清的感情十分深厚。

还是彭真打破了沉默。

他说："林大夫，往后，我恐怕不会再管到你们了。"

"怎么啦？"林巧稚急切地问。

彭真还是那样挺直身子坐在沙发上，他没有正面回答林巧稚的询问，却说："我相信，你在任何情况下，都会相信共产党的。"

林巧稚没有再往下问，她好像明白了什么，又好像什么也不明白。

风起于青萍之末。

当时社会上还没人知道，这一年的 5 月，在政治局一次扩大会议上，彭真被停职了。

1966 年中共中央下发的《关于开展无产阶级文化大革命的通知》（简称"五一六通知"），是"文化大革命"开始的标志。

"五一六通知"中，提到这次运动的重点，是那些"混进党里、政府里、军队里和文化界的资产阶级代表人物，是一批反革命的修正主义分子……例如赫鲁晓夫那样的人物，他们现在正睡在我们的身旁。……"

许久以后，林巧稚才明白，作为一个政治家的彭真，当他的政治生涯面临厄运、家庭面临灭顶之灾的时候，他和妻子想到了林巧稚这个压根儿不懂政治的党外朋友。

那其实是对可信赖的朋友欲言又止的告别。

"文化大革命"与新中国成立后的历次政治运动一样，仍然是广泛发动群众参与，让群众起来揭发、批判和斗争。

很快，绿色琉璃瓦覆盖下的协和医院，已不能安放一张平静的病床。

"横扫一切牛鬼蛇神！"

"打倒反动学术权威！"

大标语、大字报贴满了每一处墙壁。宫殿式的门楣上，"协和医院"蓝底黄字的匾额被砸碎了，取而代之的是四个朱红色的大字："反帝医院"。

"反帝医院"的批斗大会在东单新开路操场召开。

在台上，那些被呼来唤去、戴高帽、挂黑牌、又揪又扯的人中，有一贯尊重她、也为她所尊重的老领导，有她素来敬重的资深专家，还有她知根知底、共事多年的朋友和同事……

她的头低低地垂了下去，心里乱极了。台上的那些人如果该被揪斗，自己也应该被揪斗。她认为自己和他们是一样的人……

在这一时刻，素来沉着从容的林巧稚完全乱了方寸，汗珠顺着脸颊流下来，眼前一片模糊。

医院里，各科的主任都"靠边站"了。林巧稚先是在绒癌病房做护工，后又被分派回妇产科门诊叫号。她不得过问任何与医疗有关的事情，有事外出必须经领导小组同意，不能擅自行动。

在"造反派"的"勒令"中，还包括勒令林巧稚剪去发髻、不许穿封资修的旗袍、立即腾出家里住房的一层作为"造反司令部"的办公场所。

从此，八楼的绒癌病房里，多了一个推着四轮平车挨个病床打针、送药的老护士。

看上去，林巧稚十分平静。她做着这一切，如同为病人看病一样认真负责。

她清洗便盆，倒痰盂，做得一丝不苟。看见走廊墙上的一块痰渍、一个鞋印，她都会停下来用抹布一遍遍地擦拭，直到清洁为止。

她的痛苦埋藏在内心深处。

离开了她熟悉的一切，她真的是有些失魂落魄。

原来她视若神圣的东西，如今一夜之间被彻底打碎；原来奉为珍宝的立身之本，如今被人弃之如敝屣。她不知道这样混乱无序的状态要持续多久，也许，自己的医生生涯就要在这样的混乱中结束……

一天夜里，她的一个学生给她打电话，向她请教一个病人的治疗方法，她居然有些"受宠若惊"。

她家的一楼，"造反司令部"搬走了，又住进来几户工人。她和侄女全家挤住在楼上，东西乱糟糟地塞满了楼梯和走道。钢琴上堆放着杂物，谁也没心思去触碰。

她梳了几十年的发髻被剪成了短发，北京风沙大，她很不习惯，总是觉得头发乱蓬蓬的……

无望的日子是如此漫长、难熬，在无望的日子里，她日复一日默默地做着"造反派"要求她做的事情，打针、送药、倒便盆……做着这些事情的她，身材瘦小，满头白发，眼窝深陷，额上眼角布满深深的皱纹。

她的侄女婿、儿科主任周华康，夜晚在病房做夜班护理；白天推着小车，为病号送饭。

内科主任、协和首屈一指的专家张孝骞被送进"牛棚"，失去了人身自由，在"造反派"的监督下交代问题。

她的许多同事和朋友，都身陷困境。

环顾四周，林巧稚怎能不对他们惺惺相惜。

细菌学家谢少文永远记得林巧稚对他的帮助。

"文革"中，他被停发了工资，全家每月只有 15 元的生活费。"劳动改造"干活时，一向斯文儒雅的学者竟打起了赤膊。他自嘲道："皮破了可以长，衣服破了没钱买。"

在他最困窘的时候，林巧稚给他家送去装着钱的信封，里面有短短两句英文：

It's not money，It's friendship.（这不是钱，这是友谊。）

还有一些受难的朋友也得到过林巧稚的帮助。

冬天的北京，西北风像尖利的刀片一样剥蚀着人的皮肤，身着棉衣走在街头，不一会儿身子就冻得发僵。

下午的东单菜市场路口，行人缩着脖子匆匆走过。大字报的纸屑堆在街道边，被风刮得起起落落。

林巧稚下班回家，眼前出现一个姑娘熟悉的身影。姑娘低着头，目不斜视地走着路。

是彦彦——彭真和张洁清的女儿傅彦。

林巧稚想都没想，一把抱住了姑娘，连声问道："——好吗？彦彦。好吗？彦彦。"

傅彦不禁泪湿眼眶，记不清有多久了，没有人敢和他们姊妹说话，没有人问候他们一声。

林巧稚瘦弱的身体紧拥着她，让她感到了久违的温暖。她知道林巧稚在问他：爸爸好吗？妈妈好吗？你们姐弟都好吗？

可是，她该怎样回答这位老人？她怎么能告诉老人：爸爸妈妈都在监狱里，不准探视，不准通信；她和两个弟弟住在一间车库，房子四下漏风，里面的冰冻得比外面还厚；更加冰冷的，是绝望的心情……

见姑娘一声不吭，林巧稚从衣兜掏出了几块钱塞到傅彦的手里，说："孩子，拿着，买点好吃的……"她有些懊恼，兜里只有这点零钱。

泪水涌了出来，傅彦深知"牵连"意味着什么。"革命群众"的监督无处不在，她什么也没说，挣开老人的拥抱，快步离开了这里。

走到路的拐弯处，她忍不住回头望去，西北风吹过，掀乱了老人银白色的短发。她看见，林巧稚站立在寒冷的街头，一动不动地目送着自己。

二、奇异诊断书

1971 年，是"文革"的一个重要转折点。

这一年，发生了"九·一三"事件。林彪集团瓦解，中国的政治力量对比又一次发生了重大变化。

1972 年 2 月，美国总统尼克松访问中国。

在首都机场凛冽的寒风中，尼克松的手和周恩来的手握在了一起，长达20 年敌对的两国关系开始解冻。

接下来，被打倒的老干部陆续得到"解放"。

关进"牛棚"、下放农村的人一批批回到了工作岗位。

社会意识形态没有任何变化，但社会生活却有了艰难的、缓慢的松动。

"文革"初期，协和医院改名为"反帝医院"。在周恩来的过问下，"反帝医院"又更名为"首都医院"。

接受改造的专家们又重新回到了他们熟悉的科室，回到熟悉的工作中。

这期间，毛泽东的老朋友、美国记者埃德加·斯诺访问中国，他计划到协和医院参观并采访林巧稚。

埃德加·斯诺的日程定下来后，周恩来当即指示协和医院负责人，这是外事工作的需要，那些搬进林巧稚家的工人必须立即搬走。

即使身为总理的周恩来想要帮助林巧稚，也需要恰当的契机和合适的理由。

一个星期天，林巧稚接到通知，要她和张孝骞去参加一个会议。她已经很久没有外出开过会了。"文革"后，林巧稚和张孝骞都是"靠边站"的"资产阶级学术权威"。

她按时来到会场，才知道是有关中西医结合的研讨会。

周恩来总理也来到了这里。

周总理扫视着整个会场，声音很大地问道："林巧稚来了没有，是我请她来的。"

林巧稚站起身来回答道："来了。"

周总理注视着她满头的白发，说："啊，我该叫你林老了……我想请问你，你们首都医院是怎么治疗宫外孕的？"

周总理提及的是她所熟悉的医疗问题，这让她格外镇定："治疗宫外孕还是开刀的多。"

周总理说："你们也向中医学学，成吗？"

林巧稚点点头说："成。"

散会后，她反复回想着会议的情形。按说，这个会议和她的关系并不大，用中医治疗宫外孕也缺乏科学依据。周总理为什么要点名让她去参加呢？她对家里的人说："总理是故意说给大伙听的，因为我正'靠边站'。"

当时，一些"文革"中被打倒的人，都是通过重新在公众场合"亮相"，从而宣告他们的复出。

安排林巧稚接待外国友人——特别是被毛泽东称为老朋友的外国友人埃德加·斯诺，这是政治任务，也是政治上的信任，借此让住进林巧稚家里的人迁出，谁也不能反对。

否则，要求"革命群众"搬家，"革命群众"很可能"一千个不答应"，"一万个不答应"。群众当然也有自己的理由，许多人老少三代挤住在一间斗室，凭什么有些人可以住一栋小楼？

林巧稚会见埃德加·斯诺时，二人亲切交谈

这是特定时期中国的政治，也是特定时期中国的国情。

林巧稚陪同埃德加·斯诺参观了协和，参观"文革"中的"新生事物"——针刺麻醉。

此后，埃德加·斯诺在《漫长的革命》一书中，记述了这次会见。

他们见面时，埃德加·斯诺问林巧稚，在"文革"中是否受到过群众的批判？林巧稚笑答："我是旧协和过来的人，怎能没有大字报？群众运动嘛！"

她的回答无可挑剔。经过了"文革"的风雨，她已懂得如何保护自己。

一个非正常的时代，一定会发生许多不可理喻的事情。

林巧稚重新回到妇产科，碰到了一个奇怪的病例。

那天，她正在门诊部，患者的丈夫找到了她。就介绍的情况看，患者呈明显的精神分裂症状——自控能力差，一时明白，一时糊涂。

这样的病人怎么会到妇产科来看病呢？患者的丈夫说，病人清醒时，只有一个要求，就是要找林巧稚大夫看病。

病人叫谢齐历，20世纪50年代毕业于北京大学俄语系。当时响应号召，到边疆内蒙古自治区工作。开始她给苏联专家当翻译，苏联专家撤走后，她成了包头　中的俄语教师。这之后，她在包头安了家，还生了两个孩子。"文革"时期，她受到不公正对待，并被人"揭发"，说她是"阴阳人"，根本不能生育，两个孩子都不是她生的，她因此变得精神失常，一会儿明白，一会儿糊涂。明白时只说一句话：要去北京，让林巧稚大夫证明她是个女人。

听完患者丈夫的讲述，林巧稚惊讶得好长时间说不出话来。

这哪里是来看病？这哪里是妇产科能看的病？

在候诊室的长椅上，林巧稚见到了这个特殊的病人。不到40岁的年纪，已经花白了头发，眼神呆滞，形容枯槁，衣衫不整。

是怎样巨大的恐惧和伤痛，把一个女人变成了这般模样！

把病人带进检查室，林巧稚又去找来了值班医生，是她的一个学生。

林巧稚说："我们一起看，这个病例两个人看更好些。"

作为医生，为病人检查身体，原本是再正常不过的事情。可在当时，意味着要承担政治风险和责任。

林巧稚再清楚不过，她们与其说是为谢齐历看病，不如说要设法阻止对谢齐历的政治迫害。既然病人牵涉到了"政治"，就要用"政治态度"来对待。

检查过程是简单的，谢齐历的生理机能没有任何异常和病症。

在诊断书上，林巧稚详细记录了检查内容和结论。然后，两位医生各自签上了名字。

她们郑重其事所做的一切，不过是证明一个已经结婚生子的女人是女人。

林巧稚轻声安慰着烦躁不安的谢齐历说："没事，没事，你什么事都没有。"

拿着诊断书，患者的丈夫逐字逐句念给妻子听："……患者是正常女性。腹部有多条妊娠纹……证明患者曾有过正常的分娩……"

那个叫谢齐历的女人，嘴里发出"呜呜"的声音，像是哭，又像是笑。

目送这对夫妇离开了妇产科，林巧稚还想再为他们做点什么。她快步追了出去，在医院门口的汉白玉栏杆旁撵上了他们。

她轻声说道："你们都是知识分子，当然知道精神的抑制作用。我从来不主张多生育，但小谢这种情况，我想，也许再生个孩子，她的病就能得到根除。"

那是个晴好的上午，阳光下，汉白玉围栏泛着润泽的光。

丈夫惊奇地看到，妻子温顺地点着头，泪眼迷蒙地望着林巧稚。长时间以来，她麻木地任人凌辱，失去了希冀，也失去了感觉。如今，有温泉汩汩从心上流过，坚冰开了冻，发出清晰的裂响。她大声抽泣着，眼泪流淌在脸上，心里涌起春水般的暖意。

无论生活中有多少苦难，总有一种东西人不能失去。那或许是对未来的期盼，或许是对爱与仁慈的信赖和依凭。它支撑着人的意念，让人对未来不丧失信心。

这年夏天，一位先天性心脏房间缺损的孕妇，住进了首都医院（协和医院）妇产科。

她叫高秀蓉，林巧稚给她检查后，确诊是双胎妊娠。

当时，高秀蓉全身浮肿，尿蛋白呈阳性，血压高且胎位不正。心脏病人临产，

北京协和医学院（现为中国医学科学院）旧景

本来就很危险，何况又是双胎。

在检查中，林巧稚明确地对科里的其他医生说："是双胞胎，胎头一个在上面，另一个在髂骨处。要注意，心脏的问题要慎重，请内科会诊。"

然后，她安慰孕妇道："你不要紧张，放心好了，我们一定想办法让你安全分娩。"

会诊后，林巧稚针对高秀蓉生产中可能发生的意外，制定了详细的方案和措施。

这以后，她每天都要到病房去看高秀蓉。

高秀蓉浮肿得厉害，饮食要求严格限盐。一天，正赶上吃午饭的时间，林巧稚看到高秀蓉家里送来的菜颜色很深。她不放心，自己尝了一口，觉得不咸，才让高秀蓉吃。

高秀蓉有了阵痛，林巧稚守在她身旁。

她提示高秀蓉正确呼吸，正确用力。一边用手轻轻抚摩着高秀蓉的腹部，一边柔声说道："做母亲可不是容易的，再坚持一会儿就好了。"

疼痛导致产妇呕吐。林巧稚仔细观察，发现呕吐物中有咖啡色，立刻问道："你吃什么东西了？"产妇说吃了巧克力。林巧稚紧锁的眉头才舒展开来，说："我还担心是胃出血呢。"

她看见产妇双手紧抓着产床的铁架子，便说："你拉着我的手吧，免得以后你的手痛。"

高秀蓉痛得迷迷糊糊，她紧紧抓住了林巧稚伸出的双手。疼痛中，她感到林巧稚的双手纤细而温热。

分娩的时刻到了，在林巧稚的帮助下，一个女婴，又一个女婴，两个婴儿顺利娩出。接着，又娩出了胎盘。

林巧稚和别的医生一起检查胎盘，清醒过来的高秀蓉听见大夫说这是"帆状胎盘"。

事后她才知道，帆状胎盘的妇婴死亡率高达 98%！

高秀蓉母女三个平平安安，林巧稚是那么高兴，她天天都来看望高秀蓉。

一次，看到床边放着便溺过的便盆，她就端了出去。高秀蓉十分不安，林巧稚说："我端便盆有什么不可以呢？这也是工作嘛！"

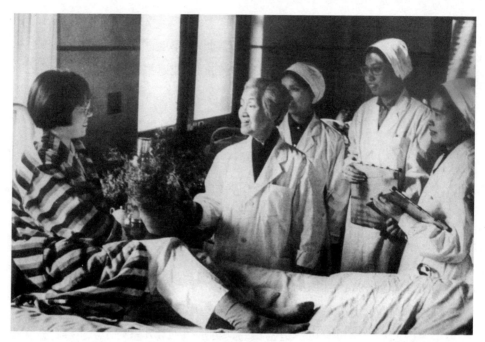
林巧稚在和产妇交谈

这年冬天，林巧稚为一位来自山东农村的 60 多岁妇女成功摘除了重达 28.35 千克的卵巢肿瘤。

《人民日报》对此作了报道，还刊发了照片。照片上那巨大的肿瘤令人瞠目——手术前，老太太的孙子甚至可以躲在她的大肚子后边跟人捉迷藏。

手术后，病人身体恢复良好。她发自内心地说："感谢为贫下中农治病救命的好医生。"

冬夜，林巧稚家里的电话铃骤然响起。电话里传来了异常微弱的声音："我是傅彦……想找……林大夫。"

从北京下放河南农村的傅彦病了，她得了"血崩"症。村里的一位农民大嫂把她背到了北京。她的父亲彭真、母亲张洁清仍在羁押中，奄奄一息中，她想到了林巧稚。

没有丝毫犹豫，林巧稚让傅彦马上来自己家。

从"文革"初期在东单路口见到傅彦，才过去短短几年时间，林巧稚几乎认不出这个年轻姑娘了。原本白皙清秀的傅彦，人瘦得脱了形。她眼窝深陷，脸色发青，虽然身穿厚棉衣，也能看出她瘦得肩胛高耸。

林巧稚立即给她做了检查，先设法止住大出血。第二天在医院，她又为傅彦做了全面检查，确诊为"子宫功能性出血"。她马上安排傅彦住进医院，精心给她治疗。

她告诉傅彦，"子宫功能性出血"是内分泌紊乱所致，千万不能听信有的医生摘除子宫的建议。摘除了子宫，见效虽快，但会使内分泌更加紊乱。她疼爱地宽慰傅彦："你还年轻，现在虽然是一个人，但好日子还在后头呢！"

很快，医院就有人批判她，说她治病不讲阶级性，说她对"黑帮"的女儿如此关照，是政治立场、阶级立场有问题。

对这样来者不善的责难，林巧稚不回避、不躲闪，她回答道："给一个人下政治结论，这不是医生该做的事情。给病人看病不能贴标签和带偏见。我是一个医生，医生有医生的道德，我怎么能见死不救？！"

在林巧稚的救治下，傅彦的身体一天天有了起色，逐渐恢复了健康。

1976 年 10 月，"四人帮"被粉碎。

林巧稚结束了受冷落的岁月，重新回到了社会生活的舞台。

"科学技术是第一生产力""科教兴国"，这些口号深入人心，知识分子们又迎来了"科学的春天"。

无论社会生活发生怎样的变化，林巧稚的世界，仍然以协和妇产科为中心。

只是，不知不觉中，妇产科的人都开始称她为"老主任"。

林巧稚走在协和院内，神采奕奕

一天，候产室一个难产妇疼痛难忍，她挥拳砸床，以头撞墙。

值班医生请来了林巧稚。

林巧稚一边慈爱地安慰产妇，一边为产妇做检查。她轻柔的动作如同镇静剂，产妇很快安静下来。天暗了下来，产妇的阵痛一阵紧似一阵。

这时，有护士通知林巧稚去开会。

林巧稚对等在门外、焦虑不安的产妇的丈夫说："她还得一个多小时才能生，我先去开会，到时候一准回来。"

这时，护士递给那位丈夫一包饼干，说："林大夫让给你的。还得一会儿才能生，先垫垫吧！"

一个小时后，林巧稚回来了。她边穿白大褂边对护士说："推产妇来。"说着，急步向产房走去。

半个多小时过去了，产房里传出婴儿的啼哭声。

林大夫走出产房，笑着对刚当父亲的年轻人说："祝贺你，是个女孩。你听见了吗？那个哭得最响的，就是你的千金。"

她两臂举在胸前，刚洗过的双手，还是湿漉漉的。

三、最后一个病人

天黑了，家家户户亮起了灯。

早已过了下班的时间，林巧稚还没有到家。

周琳又去厨房看了看。稀饭热在火上，小菜装在碟子里，要炒的菜连同葱花姜丝都早已切好码在案板上，只等姑婆一进门，立即就可以下锅。

侄孙女周琳早已长成了大人，她如今是一位教师，孩子即将小学毕业。

客厅里开着电视，懿铿正织着一件毛衣，有一眼没一眼地看看屏幕。华康则头也不抬地翻阅一本医学杂志。

全家人都在等林巧稚回家。

林巧稚一天都待在医院，中午不休息，午饭在办公室里简单对付，只有晚饭全家人才能聚在一起。这么多年来，为了全家一起吃顿饭，也为了让她吃上可口的热饭热菜，无论早晚，家里总是等着她到家才炒菜，这已经成了习惯。

正在写作业的孩子跑过来叫着肚子饿。华康抬头看看表，已是 7 点多快 8

点了。他对懿铿说："给三姑打个电话吧，她肯定是又忘记了时间。"

周华康特别理解三姑，因为他也一样，常常是忙完病人的事情才会想起看表。

林巧稚与侄女全家合影。林巧稚旁边戴眼镜者为侄女林懿铿，右一（抱小孩者）为侄女婿周华康，二排左一为侄外孙女周琳

电话打过去，林巧稚在那边朗声说："哦，这么晚了吗？我还以为才6点来钟呢！我这就回去。"

几十年了，林巧稚一直和侄女全家生活在一起。在这个家里，亲人们牵挂着她，关心着她，照料着她的饮食起居。她出门时，有懿铿体贴的叮咛；她回家时，有孩子们高兴的呼唤；下雨时，有人给她送去雨伞；变天了，懿铿会给她找出衣裳。只有在这个家里，她才不是"林大夫""林主任"，她是家人的"三姑"，是晚辈的"姑婆"，她安享着天伦之乐。

1978年，林巧稚已经77岁了。77岁的她仍然整天忙个不停。除了妇产

林巧稚与吴蔚然（右一）、曹禺（右二）和彭真夫妇等人合影

科的事情外，她还担任着许多社会职务。她是第四届中华全国妇联副主席，第五届全国人大代表、人大常委会委员；她还是中国医学科学院第一届学术委员会委员、临床医学委员会委员。

和年轻时相比，老年的林巧稚有着别样的神采。她面庞清癯，额头和眉骨突出，眼窝很深，一头银白的短发依然十分浓密。当她凝神蹙眉时，脸上的表情严肃，甚至有一丝阴郁。可当她笑的时候，却像变了一个人。她的笑声有点喑哑，脸上的肌肤舒展开来，眼角的鱼尾纹和眉毛一道扬起——那一刻疲倦和沉重全部消失，她像一个孩子似的毫无保留地开心。

老年的林巧稚仍对妇产科学的研究有许多设想和计划，可是，她毕竟年逾古稀，经常感到力不从心。这年夏天，她因为高血压、脑动脉供血不足住进了医院，未及痊愈，就出院参加在上海召开的全国计划生育工作会议。

在北京街头，人们称呼林巧稚"林奶奶"

　　她明显感到，无论精力、体力还是记忆力，都大不如前了。

　　一天，在妇产科办公室，一个年轻人给她送来了几节电池。她不解地问道："为什么要给我电池？"

　　年轻人说："不是您让我买的吗？"

　　林巧稚连忙一边掏钱，一边连声说："谢谢！谢谢！……"

　　年轻人走出办公室后，林巧稚一脸茫然。她一点也记不起这个年轻人的名字，也想不起自己什么时候要人帮忙买过电池。

　　她还时常忘记随手的小东西：眼镜、钢笔、扇子……

　　这天，她查房回来，眼镜又落在了病房里。护士长给她送了回来，笑着要她买巧克力请客。

　　林巧稚笑道："馋嘴的孩子，明天就给你买去。"

　　她一边笑，一边把眼镜装进了眼镜盒。

　　眼镜盒是泡沫塑料的，上面的暗扣已经不好使了。墨绿的底色上印着淡黄色的飞翔的海鸥，上面还有"北京大光明眼镜店"的字样。

　　这副眼镜她戴了许多年，过去她从不丢三落四。

这时，一个探视的人推开了办公室的门说："我想找个人，前天住进来的，不知在哪个病房。

屋里的人回答他："这里不是病房，你去护士站打听吧！"

来人刚要走开，林巧稚叫住了他："请你等一等。"

她打听了一下病人的年龄、病症，立即告诉来人，让他找第几病房的第几床，交代得清楚明白，一点儿也不含糊。

一屋子人都和她开起了玩笑："老主任，您这才叫小事儿糊涂，大事儿清楚。论起病人，我们谁也没您的记性好。"

这年 11 月，中国人民友好代表团出访西欧四国。代表团团长是楚图南，副团长是林巧稚。

就在林巧稚出国前夕，一位名叫薛宝娟的外地妇女找到了她。

这位年轻妇女来自浙江宁海，她在分娩中曾被折腾得死去活来。

两年前，薛宝娟初次怀孕，足月后到医院分娩，医院为她剖腹取出了胎儿。谁知剖腹产过去十几个小时后，她腹痛难忍，像怀孕足月的孕妇一样肚胀如鼓。

经检查，原来是手术不当，造成了肠扭转梗阻。于是，又立即施行第二次手术。

不料接踵而来的是术后感染，她高烧达 41 摄氏度，每天靠输液打针维持。十多天后，她的刀口处突然绽裂，脓液四溢，生命垂危。这时，医院又给她做了第三次手术。

一个月内接连三次大手术，彻底摧垮了原本年轻健康的薛宝娟。在医院里住了 3 个月，她才逐渐可以下地活动。但是，手术留下了后遗症，她的伤口形成了窦道，整天流脓滴水，从此失去了正常生活。

丈夫陪同她先后跑了几个大城市的医院，医生都以种种理由拒绝接收。

两年来，她和家人四处求医问药，每天在医院、药店间奔波。

绝望中，她和丈夫怀着一线希望，给林巧稚写信求救。

林巧稚很快给他们回了信，信中写道："……如来北京，可到首都医院妇产科找我就诊……"

夫妻俩捧着这封林巧稚亲自署名的信，真像是绝处逢生。

薛宝娟面对林巧稚，讲述了自己致病的始末。她看到，林巧稚的脸上掠过了愤怒、忧虑和怜惜的复杂神情。

尽管马上就要出国远行，林巧稚还是和吴葆桢大夫一起为薛宝娟做了检查。

从检查台上扶起薛宝娟，林巧稚叹道："唉，你的命大呀！……"

一句话，说得薛宝娟泪流满面，她从话语中听出了体贴、同情和怜惜。

通常，这样的病例，医生们都不愿意接手。因为病人在别处已做过3次手术，盆腔粘连会比较严重。再次手术，容易导致出血量大，伤口感染。稍有不慎，还可能损伤肠道或别的器官。

可妇产科的人都知道，只要是老主任接收的病人，她一定会负责到底。她收治病人时，从不考虑自己的利害得失，她主要考虑的是病人的感受，特别是这样曾经治疗不当的病人。她希望通过自己的努力，使患者恢复作为一个人的完整生活。

在医院里，通常病人感受到的最大的不快，除了身体的病痛外，就是一些医生变成了机器的延伸。面对机器，这个病人和另一个病人的区别，只是数据的不同。

病人期待着，医生能够体察他独特的痛苦，能给他温暖和希望，能更多地理解他的感受，把他看作是"这一个"人。

即使有些疾病注定不能治愈，病人也渴望保持作为人的尊严，至少使疾病和痛苦能够得到缓解。

也许，站在医生的立场，会觉得这些要求太不切实际。但是，像林巧稚这样的医生，却让人看到了这种可能。

临出国前，林巧稚和科里的医生一起，仔细分析了薛宝娟的病情，制订了手术治疗方案。她把病人交代给吴葆桢、连利娟医生负责。

临离开医院时，林巧稚还对薛宝娟说："我要出国了，不能亲手给你做治疗，但你的病是有希望治好的……"

最后，薛宝娟的病得到了根治。只是林巧稚没想到，来自浙江的薛宝娟竟是她此生最后检查的一位病人。

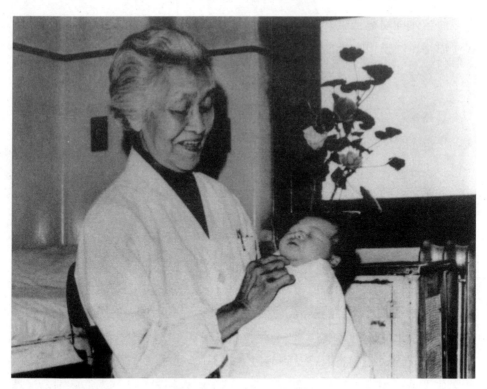

林巧稚怀抱新生儿照片，慈爱之情尽显

林巧稚传

尾声
最后的时刻

尾声 最后的时刻

1978 年 11 月 8 日，中国代表团乘飞机到达法国巴黎。

连续几天奔波下来，林巧稚自觉身体有些不适，左手和胳膊都有些发麻。她想，可能这些天有些劳累。于是，她没有太在意，也没有告诉同行的人。

就在代表团飞抵英国的第二天，林巧稚的左腿力量变弱，左手臂失去了知觉。在英国的医院，诊断为缺血性脑血管病。

林巧稚在国际学术会议上

林巧稚在欧洲接受采访

很快，林巧稚回到北京，住进协和病房。全面检查后，她被确诊患了高血压动脉硬化、脑血栓和心脏病。

整天忙个不停的人，一下子躺倒在了病床上；整天给人看病的人，自己却成了病人。这是林巧稚最不愿意接受的现实。

经过半年时间的治疗，林巧稚的身体逐渐恢复了正常，除了左手仍然僵直麻木，其他各项指标都比较稳定。

她再也躺不住了，一再要求出院却不被获准。

院长来探望她时，林巧稚又提出出院的请求，还冲院长发了脾气。这样，在住院半年后，她又重新回到她工作了几十年的妇产科。尚未恢复功能的左手妨碍她为病人施治和检查，却不妨碍她参与门诊、病房的工作，不妨碍她和医生们一起研究分析病情，不妨碍她为编纂《妇科肿瘤学》而忙碌、操心。

事实上，左手的不灵便给林巧稚增加了许多烦恼。

影响她为病人检查治疗不说，平时她就是个双手闲不住的人。她爱做针线活，喜欢编织，在妇产科工作的许多医生护士生小宝宝时，都得到过林巧稚亲手编织的小毛衣作为礼物。如今，她自己的左手却成了自己的累赘，许多事情她想做却做不成。

林巧稚不喜欢对别人诉说自己的病情，也不喜欢听别人老是谈她的病。

哪怕疾病在身，也不可能改变她的个性。她依然把时间安排得很满，保

林巧稚在书房

持着一贯爱干净、爱整洁的生活习惯，要强地注意不麻烦别人。唯一明显的改变是，出院后的林巧稚增加了一个习惯性动作——她总是把不灵活的左手端在胸前，无论说话还是走路，她的右手都在不停地按摩左手。这个动作流露了她内心深处的焦虑和不安，还有她急切地想要恢复到健康状态的心情。

已是深秋时节，风一天比一天冷了。

树叶像是一夜之间全部变黄，风吹过，落叶发出窸窸窣窣的干涩声响。晴了很久的天下起雨来，淅淅沥沥的雨连着下了几天。

林巧稚日甚一日地衰弱下来。尽管她每天注意做恢复性锻炼，可左手的僵硬蜷缩并没有得到缓解。体力也明显跟不上，做事情很快就会感到疲劳。人病了，心还强着。无奈，身体却背离了她的意愿——这多么让人沮丧。

阴雨天，林巧稚觉得头晕、胸闷，身子很沉。

她原想和往常一样，吃吃药，注意休息，过两天就会缓过劲来，谁知一天晚上她上卫生间的时候，却突然昏厥过去。她右枕部着地，摔倒在卫生间里。

很快，她再次被送进了医院。

这是 1980 年，已接近岁末。

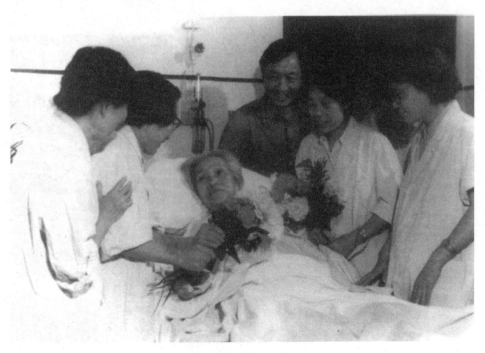

妇产科同事看望病中的林巧稚

亲人、朋友和共事多年的同事来看她。她平静地说："我是一名医生，经历了太多的生死，死是谁也无法逃避的……"

党和国家领导人来看望她。

邓颖超委托秘书来看望她。

老家福建派代表来看望她。

她向故乡的来人提出了最后的请求，她说："我是鼓浪屿的女儿，我常常在梦中回到故乡的海边，那海面真辽阔，那海水真蓝，真美……我死后想回到那里去。"

她已经在尘土飞扬的世界上走了很久，和满目疮痍的大地一起承受苦痛。如今，她想回家了。她的心踏上了归家之途……

夜是那样长，病房里是这样静……

过去的岁月里，她曾在妇产科病房值过无数个夜班，从没有觉得夜晚的时间这样难熬。

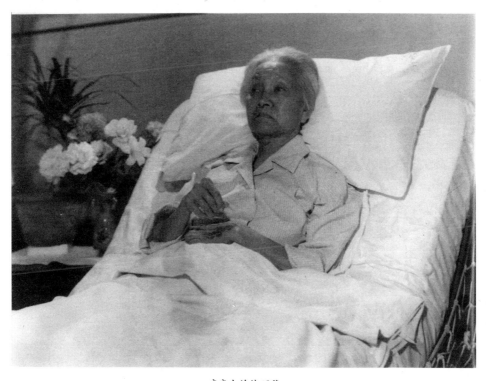

病床上的林巧稚

在静静的病房，她已经躺了许多日子。病床上的困顿时光一天天在这间屋子里流逝，那些过往的荣誉和喧哗显得遥远而陌生。

病房的日子简化了生活，隔离了她熟悉的一切，牵绊她的事物越来越少了。她像一片冬日的树叶，一天天单薄，一天天脆弱……只需一阵风刮过，就会随风而去……

从1921年进协和读书开始，她在这座医院已经行走了整整60年。

60年，几乎就是一个人的一生。她已将自己燃烧尽了，无论多么美好的祝愿，都阻挡不了生命流逝的脚步。

深夜，五号楼二层，特护病房。

万籁俱寂中，病房里突然响起急促的呼喊："……快！快！拿产钳来！产钳……"

值班的护士疾步跑到林巧稚的病床前，林巧稚双手在胸前悸动，嘴里发出一连串的呓语，护士留心看了看心脏检测仪，轻声叫着："林主任！您醒醒！林主任……"

又一个凌晨，值班护士被林巧稚的声音惊醒——那是清晰的、满含歉意的低语："……你来得太晚了，只能手术了……"

很多个夜晚，护士们已习惯了林巧稚的叫声。

刚开始，她们很紧张，为了让她安静下来，她们会把她叫醒。

以后，她们有了经验，当林巧稚再喊着要产钳时，她们会随手拿起身边的一件东西递到她手里，她抓得很紧，很紧。

"又是一个胖娃娃！一晚上接生了3个，真好！"林巧稚在低声说完这句话后，陷入了沉沉的昏迷。

1983年4月22日，北京的正午时分。

林巧稚在一阵悸动后，血压骤然下降，呼吸停止，心脏不再搏动。

步入晚年的林巧稚

四月的风很轻快，轻快的四月风送一个灵魂向另一个世界远行。

如茵浅草，柳枝茸茸，远处传来婴儿嘹亮的啼哭，婴儿的啼哭如展翅的鸽群盘旋在城市上空。

此时此刻，在协和妇产科，在古老而崭新的北京城，在辽远的乡村和城镇，有多少新生命在亲人的期盼中诞生……

临终，她的神情十分安详，脸庞光洁、干净，额头、眼角的皱纹全部舒展开来。仿佛刚值了一个长长的夜班进入了梦乡，又仿佛长途跋涉后回到家中。

阅尽82载寒暑春秋，她走得无憾，走得安心。

她留下了遗嘱：

3万元存款捐给医院的托儿所，

遗体供医院做医学解剖用，

骨灰撒在故乡鼓浪屿的海上。

故乡人记得她最后的心愿，故乡接回了自己的女儿。

她一生没有自己的家庭，却使无数家庭幸福完满；她一生没有自己的儿女，却亲手迎来了千千万万新的生命。

她离开这个世界后，厦门鼓浪屿——这个寸土寸金的地方，为她修建了占地4750平方米的典雅园林——毓园，让回家的女儿安息。

林巧稚纪念馆设在毓园。

园子里有林巧稚的汉白玉全身塑像，塑像后安葬着林巧稚的骨灰。

一袭白衣的林巧稚微微笑着，双手交叉握在身前，像是伫立着在守望，又像是忙碌后在小憩。

苍穹笼罩着大海，层层浪涛犹如白色的花环。

坐落在林巧稚家乡——厦门市鼓浪屿毓园内的林巧稚雕像

三角梅、白玉兰、木芙蓉，繁茂的花木守护着毓园的宁静。

邓颖超亲手种植的两棵南洋杉，秀挺地立在毓园一角。

长风抚过每一寸土地，吟咏着永恒的爱的诗篇：

爱是恒久忍耐，又有恩慈；爱是不嫉妒，爱是不自夸，不张狂，不做害羞的事；不求自己的益处，不轻易发怒，不计算人的恶，不喜欢不义，只喜欢真理；凡事包容，凡事相信，凡事盼望，凡事忍耐。

爱是永不止息。

林巧稚传